王陛钧国际象棋丛书

王陛钧 编译

际象棋排局赏析

经济管理出版社·棋书中心

图书在版编目（CIP）数据

国际象棋排局赏析/王陛钧编译 . —北京：经济管理出版社，2014.12

ISBN 978-7-5096-3223-9

Ⅰ.①国… Ⅱ.①王… Ⅲ.①国际象棋-棋局-鉴赏 Ⅳ.①G891.1

中国版本图书馆 CIP 数据核字（2014）第 155545 号

组稿编辑：史思旋
责任编辑：郝光明　史思旋
责任印制：黄章平
责任校对：超　凡

出版发行：经济管理出版社
　　　　　（北京市海淀区北蜂窝 8 号中雅大厦 A 座 11 层　100038）
网　　址：www.E-mp.com.cn
电　　话：（010）51915602
印　　刷：保定金石印刷有限公司
经　　销：新华书店
开　　本：720mm×1000mm/16
印　　张：20.25
字　　数：332 千字
版　　次：2014 年 12 月第 1 版　2014 年 12 月第 1 次印刷
印　　数：1-4000 册
书　　号：ISBN 978-7-5096-3223-9
定　　价：61.00 元

总　序

　　王陞钧老师是国际象棋国家大师，国际象棋高级教练。作为老一代棋类工作者，可以说国际象棋已经融入了他的生活并陪伴他走过了近60年幸福且艰难的征程。有国际象棋他快乐着，有国际象棋他享受着；如今尽管七十多岁高龄，用嗜棋如命形容他并不为过。多年来陞钧老师勤耕不辍，在他从事教学生涯和业余的时间里，整理了大量的国际象棋资料，内容涉及棋手需要用的方方面面，整理出的资料放满了书柜。针对着世界著名棋手的特点，每一个战术环节和有特点的棋局，他都逐个详细研究，然后写出心得笔记。针对少年儿童的启蒙教育、对于培养后备人才专门的心理教学资料也很丰富。

陞钧老师近照，左为张坦，右为王陞钧的夫人

其实很早我就知道国际象棋界大名鼎鼎的王陞钧教练，我们相识在20世纪80年代中期。当时我在北京市体委训练处工作，具体联络并负责分管武术、棋类项目。1987年第六届全国运动会结束后，受命于改革的危难之际，到北京棋院担任北京棋队的领队。工作中跟陞钧老师相处得多了，逐步加深了对他的了解，我们之间结下了更深的情谊。

在北京棋队一段时期的工作中我了解到，当年全国棋界中保存丰富资料的"小故宫"（保存人），一个是象棋界的刘国斌老师，另一个是国际象棋界的王陞钧老师。他俩一内一外，手下"库存"的资料颇为丰富。国斌老师的古籍资料保存不计其数；陞钧老师的外国资料成千累万。从当时的历史条件来说，多年精心存储了大量的国际象棋资料在国内是罕见的。对于存储积攒这么多宝贵丰富的国际象棋书籍、杂志与资料，我赞誉他为国际象棋的小故宫。陞钧老师学者风范，多年来省吃俭用，利用节省下来的一点点有限的工资购买国外的国际象棋书籍、杂志和情报资料，同时用自己的才华和经验整理了大批的国际象棋学术资料。尽管在"文革"时期，他也冒着巨大的风险从邮局进口国际象棋的情报资料。通过这些资料进行业务学习，充实自己的专业知识并把它们作为参考资料，改进自己的教学，提高教学水平。陞钧老师对业务的认真钻研、对训练工作一丝不苟的精神，深深地烙在我心中。看着他日积月累积存下来的宝贵书籍与资料，更感觉应该发掘出来服务于国际象棋事业，服务于社会。

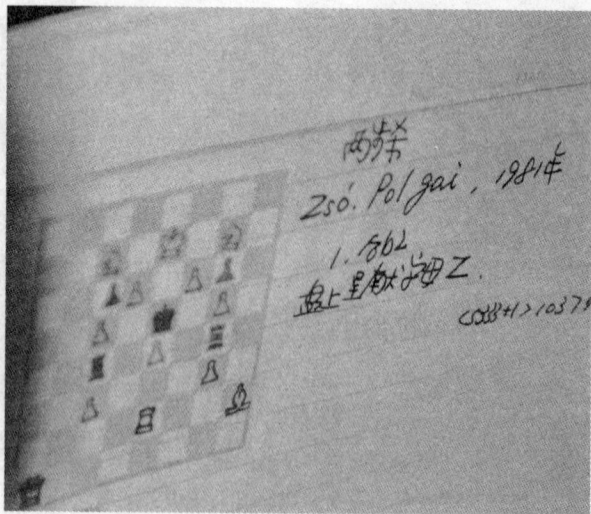

陞钧手稿

1990 年第十一届北京亚运会后，我调往原国家体委四司的棋类办公室工作，平日里与陟钧老师继续保持着联系。我接触国际象棋具体管理工作正值90 年代初期。由于我国的国际象棋运动起步晚，那个年代国际象棋非常不普及，普通百姓不了解这个项目，可以说是体育运动项目中的"阳春白雪"，与现在国际象棋发展的大好形势确有天壤之别。国际象棋在体育中是个小项目，也不为人们所看好。当年由于经费不足的原因，我国国际象棋健儿远离城市的喧嚣，在北京的郊区安营扎寨搞集训。枯燥地、默默地刻苦练兵之际，正酝酿着国际象棋春天的到来。

1990 年，谢军在菲律宾的马尼拉经过艰苦奋战，争到了八强之首，与南斯拉夫棋手马里奇争夺挑战权。1991 年 2 月，谢军于贝尔格莱德和北京两地奋战，以 4.5：2.5 的比分在世界冠军候选人决赛中战胜南斯拉夫的马里奇，成为挑战者。

谢军以 4.5：2.5 的比分战胜马里奇争得挑战权

当年 10 月，谢军在马尼拉以 8.5：6.5 的比分把保持世界冠军称号 13 年的苏联选手齐布尔达尼泽拉下马，成为亚非拉的第一位世界棋后。这是中国国际象棋历史性的突破。谢军的胜利在我国掀起了一阵国际象棋热。

谢军——齐布尔达尼泽在马尼拉争夺世界女子冠军比赛中

当年 11 月，平均年龄 19 岁的我国 3 名女将彭肇勤、王频、秦侃滢在南斯拉夫的苏博蒂察女子世界冠军区际赛中，全数出线，跻身女子世界冠军候选人行列，并同时晋升为女子国际象棋特级大师，这一年国际棋坛有人称之为"中国女子年"。这一段时间正是陆钧老师眼望着自己辛苦培养的队员开花结果之时。他在关注大赛，关注中国国际象棋队进步的同时，更加紧了自己的学术研究，以备及时地为冲击国际象棋顶峰的队员们雪中送炭。

欢迎王频、秦侃滢、彭肇勤三位女八强归来
前排左起：汪自立　诸宸　王频　秦侃滢　彭肇勤　叶荣光

为了普及国际象棋知识，中国国际象棋协会首先组织了全国新闻记者国际象棋研修班。报名参加的三四十名各地新闻记者在河北乐亭县集中三天进行国际象棋知识的普及培训。中央人民广播电台体育部首次开播了《智慧的体操》栏目——国际象棋知识讲座。陉钧老师为讲座撰写了稿件，后来编辑成书《电视国际象棋教程》，由中国广播出版社于1992年2月出版，在当时国际象棋书籍奇缺的环境下影响甚大。

在河北乐亭县召开的研修班对新闻记者进行了三天的集中培训

我有幸亲历了这一段历史，直至今日回想起来依旧心潮澎湃，感慨万千。这几年中，正是我负责并亲自参与国际象棋工作的时期，国际象棋的飞速发展历历在目。回忆当年我国举办国际象棋比赛时，老外对我们在竞赛中选用的场地、器材百般挑剔的态度，目睹了老外看不起我们有能力举办世界级的高水平大赛的眼光，令我至今难以忘怀。回想陉钧老师总是津津乐道大赛中的精彩对局，又对比赛中的不足提出自己的见解，充满希望地看待国际象棋未来的情景，我也充满了信心。如今中国健儿的国际象棋成就影响了世界，老外不得不挑起大拇指，对中国国际象棋运动的发展连连称赞。看到国际象棋欣欣向荣的今天，陉钧老师深感欣慰。

随着谢军夺得世界女子国际象棋冠军，中国三位女将进入世界八强之列，国际象棋的春天到来了。新加坡爱国人士李成智为中国棋院捐赠了图书馆，捐巨款设立了李成智基金会，为了鼓励国际象棋的普及，推出了李成智杯全国国际象棋赛比赛。小棋手参加各个年龄组的比赛，大大推动了国际象棋的普及与开展。陉钧老师也整理了大量的针对青少年棋手的训练资料，准备培养一批国际象棋的后起之秀。

1994 年李成智杯全国少年儿童比赛发奖仪式

参加李成智杯获奖小棋手（前右三）在匈牙利世界青少年比赛获奖
1994 年摄于匈牙利的赛格德市

    2004 年，中国棋院开展三棋进学校的普及工作，这是一项到基层推广兼组织培训竞赛的艰苦繁杂工作。我推荐陛钧老师参与进来，他被组织任命为讲课的专家组组长。他除了认真地写讲稿，组织材料，主抓编写教材，为众多基层教练员和中小学老师培训之外，还多次随同我们出差巡讲。尤其是碰上世界大赛之际，大家都想从业务上了解一下比赛的对局。而从国际上发过来的多是外语的传真原件，王老师看后，马上一边翻译一边分析，为参加培训的各级教练和老师们现场讲解棋局，可见功底至深。

记得 2004 年 9 月 6 日，星期一，天气阴沉沉的，偶尔淅淅沥沥的秋雨，中国棋院召开三棋进学校专家组成员的座谈会。参会的有专题讲爱国主义课程的庞士让教授，德育网主编栾传大教授，棋类专家徐家亮和王陛钧老师，以及参加工作的诸位领导、专家和老师。

陛钧老师在发言中很兴奋，强调两点感想：第一，棋的定位。他说四十多年积累的教学经验，以棋为工具在青少年中进行教育，深入到学校去，首先是教棋育人。牢记陈毅老总的教诲："棋虽小道、品德最尊"。琴棋书画只有棋类项目是对抗的，有益于培养青少年坚韧的意志品德。第二，棋类虽然是边缘科学，但是包含丰富的教育学、心理学、军事学等多种学说。他列举了美国的富兰克林、匈牙利的波尔加三姐妹等世界冠军，强调波尔加三姐妹的父亲拉斯洛·波尔加就是著名的教育家、心理学家。要清醒地认识开展棋类教育的定位，要以教育部门为主，还要考虑国情。我们要在技术上大力支持，理想化的操作可能会遇到太多问题。

这是我十年前的会议记录，现在应该归还他了。

陛钧老师对于训练心理学颇有研究，尤其是对于儿童的训练和心里教学与应用有较深的造诣，运用他丰富的教学经验培养出多位国际象棋的苗子。

陛钧老师在棋界结识了众多的好朋友，有各省市的领队、教练员，也有裁判员、运动员。每每相遇畅谈友情，交流信息，大家都很尊重他。前几年在北京的一次全国比赛，各地来的许多老师跟我打听他，并提议利用休息日去看看他。其中有浙江的黄希文、叶荣光老师，广东的黄民驹老师等。陛钧老师在和平饭店请客。席间回忆往事峥嵘岁月，畅聊以国际象棋为"缘"，使大家相识相聚成为挚友。

老朋友见面分外亲

图左至右：张坦、黄希文、黄民驹、王陛钧、叶荣光

2007年，我为全国第一期国际跳棋教练员培训班编写培训教材，得到陛钧老师的热情支持。他毫不吝啬地拿出珍藏多年的宝贵资料，我那段时间频繁地到他家翻阅查找国际跳棋的资料。在他收藏的许多国际象棋资料杂志与期刊中，国际跳棋的资料非常少，每一本情报或杂志的最后2页刊登着国际跳棋资料，更显得弥足珍贵。他也在珍藏的所有资料中帮助我积极地寻找和推荐。于是我翻阅摘抄了许多难得的国际跳棋资料，编写了第一期的全国教练员国际跳棋培训材料。恰恰是这些能够发掘到的资料发挥了极其重要的作用，为日后我国国际跳棋的发展起到了推波助澜的作用。

我国第一部国际跳棋培训资料（封面）

前两年，没想到他的身体状况突然出现了问题，经过摔伤手术后稍有恢复，但是还要长期卧床休息。在身体状况出现意外的情况下，陛钧老师思前想后，感觉很无助的他一度精神要崩溃了，甚至想到把这些宝贵的国际象棋资料付之一炬，随他而去。我得知这些消息后非常着急，第一反应就是要帮助陛钧老师解决目前身体的困难，还要保护好这些难得的资料，呼吁棋界的同行们帮助抢救这些珍贵的历史资料。于是那些日子里我四处奔走，联络各方面人士千方百计想办法帮助他。恰巧此过程中相遇经济管理出版社棋书中心主任郝光明和象棋国家大师、国际跳棋全国冠军史思旋，他们的责任心油然而生并主动参与进来，为挽救这些宝贵的棋类资料担起了重任，这也是缘分吧。

如今，在大家的共同努力下，一部分宝贵的资料已经编辑成书，即将面世。陞钧老师的棋类理论涉及面广，开中残局、战略战术、基础理论与实践，还有心理教学和少儿教育方面的研究，给后人留下了丰富的知识财富。为发展国际象棋事业，我们要将这些宝贵的资料传承下去，给新人们以启迪。

最后用陞钧老师一句话：这本书通俗易懂，深入浅出，易于普及推广，它一定会受到国际象棋爱好者的欢迎。

张 坦
二〇一四年九月八日写于北京

前　言

　　国际象棋是世界上最流行的智力游戏和竞赛项目，对弈过程不是简单的重复或依赖纯机遇决定胜负，而是兼有竞技、科学、艺术因素，富含对抗性、复杂性、趣味性。它是一种高级的智力活动，需全面启用观察、注意、记忆、思维、想象能力，对各种局势作出正确判断及决策，所以被誉为智慧的体操和试金石。

　　同样可贵的是，对弈国际象棋能够陶冶性情，有助于养成积极进取、坚定果敢、意志顽强、敏捷应变、恪守规则等良好心理素质，并提升纯正的审美水平。

　　2001 年 2 月 23 日，教育部体育卫生与艺术教育司和国家体育总局群众体育司联合下发《关于在学校开展"围棋、国际象棋、象棋"三项棋类活动的通知》，肯定了棋类活动"有利于青少年学生个性的塑造和美德的培养，有利于培养学生独立解决问题的思维能力、操作能力，有利于提高学生的文化素养"。这份文件对棋类项目在我国的普及与提高必将产生历史性的深远影响。

　　除实际对局之外，棋弈还包括一个特殊的领域，即排局的创作与解答，同样吸引着数量众多的爱好者。就国际象棋而言，排局创作如同其本身一样古老。现存手抄本中的早期作品，约见于公元 840 年前后。

　　顾名思义，排局是以人工排拟而成的各种棋题，以残局类型为主。现代国际象棋排局分为胜和习题与限着杀王两大类，作品集中地、典型地展示出棋弈攻守过程中可能出现的种种尖锐矛盾和冲突。它源于实践而高于实践，构思精巧，兼有实用性及趣味性，业已"形成一个了解艺术而且能够欣赏美的大众"。

　　1956 年，国际棋联成立了排局常设委员会。此后，开始授予排局国际特级大师、排局国际大师、国际裁判等称号，并举办个人及团体排局创作世界冠军赛，乃至解题世界冠军赛，出版竞赛作品专集，全面推动了排局事业的发展。

国际象棋自1956年成为我国正式的体育项目，以其有益的功能受到重视，我国棋手包括少年选手多次为国家争得荣誉。但迄今有关国际象棋排局的中文著作甚少，人们对这一领域的了解还不够多。

笔者于20世纪50年代中期学下国际象棋，很快对排局产生兴趣，逐渐收集了大量素材。现从近万个例子中挑选出少量精品，加以解说，供广大爱好者欣赏。希望起到抛砖引玉的作用，使国际象棋排局也普及开来。

胜和习题更接近于实际对局，选择176局；限着杀王体例较为特殊，暂且介绍107局。皆由简至繁、由易至难排列。在解说过程中，适量加入一些基础知识和对局实例，对排局的创作方法先不过多涉及。

本书面向广大爱好者，而读者在年龄、棋弈水平上会有差异。根据多年的教学经验，对于较复杂的作品，建议读者可自行将其分解，先掌握感兴趣的可看懂的片段，再逐步贯通，理解整体。

排局创作需苦心孤诣，自出机杼，而智者千虑难免一失，排局公开发表乃至获奖之后，在公众的严格检验下，有时会被推翻。入选本书的作品，请读者详加审视。对笔者解说中的错误之处，也请不吝指正。

在成书过程中，得到张坦先生的鼓励和支持，谨此表示感谢。

目　录

上篇　胜和习题

由白方先走，按指定要求战胜黑方或寻得和棋的国际象棋排局，称为胜和习题。

这种排局，创作上有以下严格规定：

一、原始局势据行棋规则是可以形成的，不允许出现诸如白兵在 a2、a3、b2 或黑象在 h8、黑兵在 g7 等不合理构图。

二、解答过程中，着数长短不受限制，全部子力应直接或间接发生作用。

三、答案必须是唯一的，不能无解及存在复解。

从应用及审美角度看，构图接近实际对局，解题有相当难度，黑方存在强劲而隐蔽的反击，白方首着不将军、吃子和升变等，作品的艺术价值随之提升。

在原始局势棋子总数不超过 7 个时，叫小型排局；总数不超过 5 个时，叫超小型排局。它们清丽明雅，受到普遍喜爱。

第一章　白先胜排局

在这类排局中，除直接将杀黑王，白方通过吃子或兵升变取得足以制胜的子力优势，皆算达到要求。

第一节　将杀黑王

国际象棋对局的技术目的，最终是将杀对方的王。因此，在白先胜的排局中，直接擒获黑王成为重要表现形式，我们首先予以介绍。通过解题，爱好者知晓不同子力的构杀模式是有益的，而多样的实施手段可开拓思路，增加对局的胜率和兴趣。

举一个超小型排局为例：

里·列蒂，1925 年

白先胜

1. 车 f3! g2   2. 象 f1! g1 后   3. 车 h3#

白方巧妙地展示出车、象构杀的一种模式。

第 1 局

伊·辛德勒，1969 年

白先胜

作者是德国排局家。

白方多兵，但黑 a7 兵初次走动可推进至 a5 格，白王已来不及进入其他形区。因此，白方应在王翼寻求机会。

1. 王 g2

错误的顺序是 1. g4，经 1. … a5（1. … 王×g4   2. f6 或 2. h6）   2. 王 g2 a4   3. 王 g3 a3   4. h6 a2!（4. … 王×h6   5. 王 h4 a2   6. g5#）5. h×g7 a1 后 6. g8 后 后 c3+，黑方以长将求和。

1. … a5

如 1. … 王×f5   2. 王 f3 王 g5   3. g4 a5   4. 王 e4（进入 a 兵方形区）4. … 王×g4   5. h6! 或 1. … 王×h5   2. 王 f3 王 g5   3. 王 e4 a5   4. g4 a4   5. 王 d4，皆为白胜。

2. 王 f3 a4   3. h6!

弃兵将黑王引入不利位置。

3. … 王×h6

若 3. … a3，则 4. h×g7 a2   5. g8 后 a1 后 6. 后 e6，白方胜定。

4. 王 g4!

白方的意图已经非常明显。

4. ··· a3　5. 王 h4 a2　6. g4 a1 后　7. g5#

第 2 局

扬·马尔维茨，1946 年

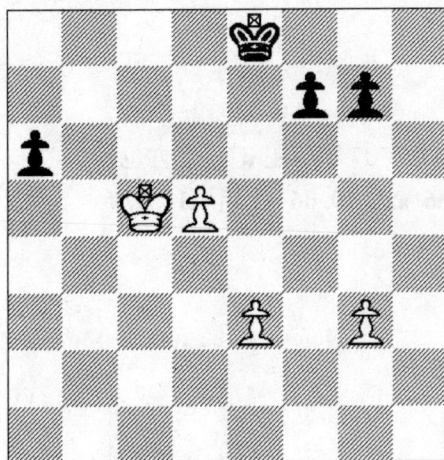

白先胜

作者是荷兰排局家。

双方子力相当。白王位置较好，通路兵更为靠前。黑方虽有边远通路兵，也无法抵御对方以连兵构杀的计划。

1. 王 c6 !

压制黑王，使其不能投入战斗。

1. ··· 王 d8

否则白方有 2. 王 c7 速胜。

2. g4 !

错着是 2. 王 b6，因 2. ··· 王 d7　3. g4（3. 王×a6 王 d6　4. e4 f5！
5. e×f5 王×d5 白方只得 6. 王 b5 王 e5　7. 王 c5 王×f5　8. 王 d4 求和）
3. ··· 王 d6　4. e4 f6　5. 王×a6 g6　6. 王 b5（6. g5?? f×g5　7. 王 b5 g4 黑
胜）6. ··· f5！　7. e×f5 g×f5　8. g×f5 王×d5，成为和棋。

2. ··· f6

如花费时间走 2. ··· a5，经 3. 王 b5 王 d7　4. 王×a5 王 d6　5. e4 f6
（5. ··· g6　6. g5！）6. 王 b5 g6　7. 王 c4，白王保护住 d5 兵，黑方 7. ··· f5 失
去意义。

3. e4 g6

改走 3. ··· 王 c8 也等于原地踏步，白方接走 4. 王 b6 胜定。

4. 王 d6!

取胜的关键。4. 王 b6 王 d7 是和棋。

4. … a5　5. g5!

引离 f6 兵，为 e4 兵打通道路。

5. … f×g5　6. e5 a4

或 6. … g4。

7. e6 a3

改走 7. … 王 e8　8. e7 王 f7　9. 王 d7，黑方也输。

8. e7+ 王 e8　9. 王 e6 a2　10. d6 a1 后　11. d7#

一步之差，白方抢先构杀。

第 3 局

埃·卡纳尔，1935 年

白先胜

作者是秘鲁国际象棋大师，偶尔从事排局创作。

双方均有将要升变的通路兵，白方先行且多一马，精确计算可以取胜。

1. 王 f5!

调整王的位置，并为马腾空 f4 格。如 1. a7? c2　2. a8 后 c1 后+，黑方反而占优。

1. … 王×h5

接受弃马。作者将此作为主变，是为了展示王、后机动灵活的打击能力。在另一变化中，马的击双能力得到体现：1. …c2　2. 马 f4! c1 后　3. g3+! 王×g3　4. 马 e2+ 王 f2　5. 马×c1 g3　6. a7 g2　7. a8 后 g1 后　8. 后 a2+

王 f3　9. 后 e2+　王 g3　10. 后 g4+，白方胜定。

2. a7 c2　3. a8 后 c1 后　4. 后 h8+!

缩小黑王活动范围。

4. ··· 后 h6　5. 后 e8+　王 h4　6. 后 e1+!

矫若游龙。

6. ··· g3　7 后 h1#

白后辗转 3 个角格进行构杀。

第 4 局

阿·沃塔瓦，1944 年

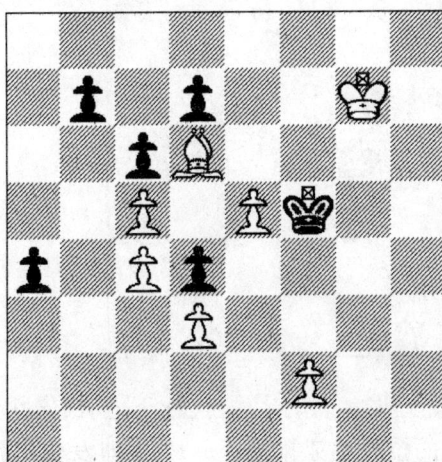

白先胜

作者是奥地利著名排局家，职业是律师。

白方多一象，而黑 a4 兵看似锐不可当，难道胜者是黑方？深入观察，会发现黑王毕竟深陷白子的包围圈内，结局取决于白方能否运用想象力构杀。

1. 王 h6!!

指挥若定。这着棋表面平淡无奇，实际上用意深远。直接 1. e6，经 1. ··· d×e6　2. 王 h6 e5，或 2. 象 e5 王×e5　3. 王 h6 王 f5，皆是黑胜。

1. ··· a3

黑方即使有所警觉，却为时已晚：1. ··· 王 f4　2. e6+ 白兵先升变；1. ··· 王 e6 2. 王 g6，伏兵 f2-f4-f5#；1. 王 g4　2. e6 a3（2. ··· d×e6　3. 象 e5 a3　4. 象×d4）3. e7 a2　4. e8 后 a1 后　5. 后 h5#。

2. e6! d×e6

如 2. ··· a2　3. e×d7 a1 后　4. d8 后，白方胜定。或 2. ··· 王×e6　3. 王 g6

a2　4. f4　a1 后　5. f5#。

3. 象 e5!　王×e5

黑王被引入牢笼。如改走 3. … a2　4 象×d4，白象及时控制 a1 格，白方也胜定。

4. 王 g5　a2　5. f4#

构思巧妙。

第 5 局

列·库贝尔，1922 年

白先胜

作者是享有世界声誉的拉脱维亚排局家，12 岁即发表作品，一生创作各种排局 2700 多个，有 120 多个在竞赛中获奖。他的职业是化学工程师。

白方多两子，为阻拦 a3 兵，战斗将围绕 a1—h8 大斜线进行。在战斗过程中，白方悄然编织罗网，突然转向将杀黑王，展现出思维的灵活性。

1. 马 c6!

弃马引离黑王，为白象进入大斜线赢得时间。黑方不能 1. … a2，因 2. 马 b4+ 击双。

1. … 王×c6　2. 象 f6　王 d5

只得如此。若 2. … 王 c5，接走 3. 象 e7+击双。

3. d3!

准备挺兵至 c4。不能 2. c3? 因 a2 黑胜。

3. … a2　4. c4+　王 c5

如 4. … d×c3 吃过路兵，白方 5. 象×c3 守住 a1 格，并保障 d3 兵的安全。

5. 王 b7!!

及时监视 c6 格，已伏杀机。在 5. … 王 b4 时，白象吃 d4 兵胜定。

5. … a1 后　6. 象 e7#!

匠心独运。

第 6 局

亚·卡赞采夫，1985 年

白先胜

作者是俄罗斯著名排局家和科幻小说作家，在卫国战争期间荣膺多枚勋章，由列兵升为上校。战后曾任国际棋联排局委员会副主席，2002 年以 96 岁高龄辞世。在卫国战争胜利 40 年之际，他创作了这个排局作为纪念。

黑兵即将升变，白方临危不乱，集中兵力先行围歼黑王。

1. 马 b7+!

如 1. 马 c6+ 王 c8 (1. … 王 e8?　2. 车 e7+ 王 f8　3. 车 e1 白胜) 2. 马 a7+ (2. b6 不成立，因 2. … b1 后+；2. 车 f8+ 王 c7，白方也不利) 2. … 王 d8 3. 马 c6+，只是和棋。

1. … 王 c8

在 1. … 王 e8 时，应以 2. 马 d6+ 王 d8　3. 王 e6! b1 后　4. 车 d7#，形成王、车、马联合构杀的一种典型局势。

2. 马 d6+ 王 b8　3. 车 f8+ 王 c7

若 3. … 王 a7，白方接走 4. b6+ 王 a6　5. 车 a8+ 王×b6　6. 车 b8+击双。

4. 王 e6! b1 后

或 4. … 王 b6　5. 马 c4+击双。

5. b6+！ 后×b6

经 5. ⋯ 王 c6　6. 车 c8+ 王×b6　7. 车 b8+击双。

6. 车 c8#

第 7 局

季·戈尔吉耶夫，1935 年

白先胜

作者为俄罗斯著名排局家、医学博士。

众所周知，异格象残局和棋概率相当大。这里黑方子力位置极差，虽多一通路兵仍要输棋。

1. b4+

必须逼黑王退至盘角，以阻碍黑象投入战斗。

1. ⋯ 王 a6　2. 王 c6

进一步限制黑子行动。

2. ⋯ e4

不可走 2. ⋯ 象 a7，因 3. 象 c8#。如果 2. ⋯ 王 a7，则 3. 象 f5！王 a6　4. 象 e4 王 a7（4. ⋯ 象 a7　5. 象 d3#）5. b5 王 a8　6. b6 或 3. ⋯ e4　4. 象×e4 王 a6　5. 象 d5 王 a7　6. b5 王 a8　7. b6，皆为白胜。

3. 象 e6！ e3

这时 3. ⋯ 象 a7，白方应以 4. 象 c4#。又如 3. ⋯ 王 a7　4. b5 e3　5. 象 c4 同主变。

4. 象 c4+ 王 a7　5. b5 王 a8

或 5. ⋯ e2　6. 象×e2 王 a8　7. 象 f3 王 a7（7. ⋯ 象 a7　8. 王×c7#）

8. 象 d5　王 a8　9. b6，胜。

　　6. 象 d5!　王 a7

　　若 6. … e2，接走 7. b6 e1 后　8. 王 c5+ c6　9. 象×c6#。

　　7. 象 f3 e2　8. 象×e2　王 a8　9. 象 f3　王 a7　10. 象 d5　王 a8　11. b6 c×b6
12. 王×b6#

第 8 局

安·林克，1914 年

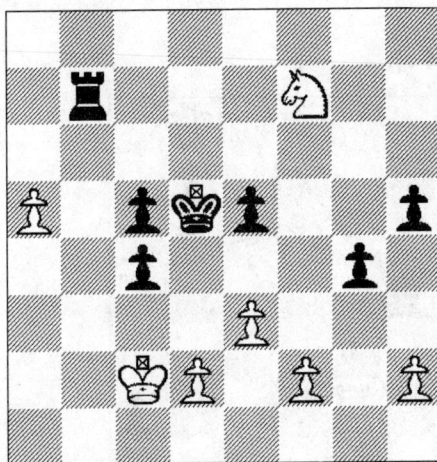

白先胜

作者是现代胜和习题排局的开创者之一，享有国际声誉。他生于法国，后居住在西班牙，职业是化学工程师。

所选这个排局，极鲜明地显示出马的击双能力。而当马得到己方棋子合作，即先将对方子力引入不利位置时，所形成的战术组合威力更大。

　　1. e4+!

恶化黑王处境。如 1. … 王×e4，则 2. 马 d6+。又如黑王退至 c6 或 e6 时，接走 2. 马 d8+。

　　1. … 王 d4　2. 马 d8!

黑车现在有 14 个空格可走，但暂时安全的格位却只有 1 个！例如，2. …车 d7　3. 马 e6+ 王×e4　4. 马×c5+；2. … 车 h7　3. 马 e6+ 王×e4　4. 马 g5+；2. … 车 b3　3. 马 e6+ 王×e4　4. 马×c5+ 王 f3　5. 马×b3 c×b3+　6. 王×b3王×f2　7. a6，白方胜定。

　　2. … 车 b5　3. a6 c3

无法直接拦阻白兵：3. … 车 a5　4. 马 c6+；3. … 车 b6　4. a7 车 a6

5. 马 e6+！；3. … 王×e4 4. 马 b7！车 b6 5. a7 车 a6 6. 马×c5+。

4. d×c3+

不可急于走 4. a7？因 4. … 车 b2+形势逆转。又如 4. 马 c6+ 王×e4（4. …
王 c4 5. d3#）5. d×c3（5. a7 车 b2+）5. … 车 b6 6. a7 车 a6，白方也不利。

4. … 王 c4

或 4. … 王×e4 5. 马 b7 车 b6 6. a7。

5. 马 b7 车 b6 6. a7 车 a6 7. a8 后！车×a8 8. 马 d6#

第 9 局

约·捷尔霍，1924 年

白先胜

作者是芬兰排局家，他多年担任赫尔辛基一家报纸排局专栏的编辑。

白方子力占优，黑王处境不利，但黑方有两个突前的通路兵，白方为取胜
需精确行动。

1. 车 a3！

直接 1. 车 d8+ 象 f8 2. a7 a1 后 3. a8 后，经 3. … 后 f6+，黑方可以长
将求和。

1. … h2！

如走 1. … 象×a3，则 2. a7 a1 后 3. a8 后+ 象 f8 4. 后×a1，白方速胜。

2. a7 象×a7

或 2. … h1 后 3. a8 后+ 后×a8 4. 车×a8+ 象 f8 5. 车×a2，黑双兵尽
失，白胜定。

3. 车 c3！

黑象已被引离 a3—f8 斜线，白方机敏地利用通线转向底线构杀。但 3. 车 d3 是严重错误，因 3. … 象 c5，黑象又可回到 f8 格遮将，白方将要输棋。白车至 c 线才是正确的选择。

3. … 象 c5　4. 车×c5

下着棋 5. 车 c8#绝杀无解。

第 10 局

茵·康托罗维奇，1952 年

白先胜

这个小型排局在群众性竞赛中获奖，于实战对局有参考价值。作者是俄罗斯女子一级棋士。

由于出现概率较高、变化丰富，高水平棋手及爱好者都应掌握车兵残局的相关技能。

这里，白方通路兵距升变格较近，借先行之利可以将白车置于通路兵后方，似乎不难取胜。但黑方有边线兵，企图制造逼和，白方必须高度警觉。

1. g7　车 d8　2. 车 e6+!

立即 2. 车 g6　车 g8　3. 王 g2　王 f4　4. 王 h3　王 f5 是和棋。

2. … 王 f4

如 2. 王 d4，则 3. 车 d6+!　车×d6　4. g8 后，白方引离黑车升后取胜。

3. 车 f6+　王 g3!

不可 3. … 王 g5，白有 4. 车 f8。

4. 车 g6+　王 h3　5. 王 g1!

须避免 5. g8 后？因车×g8　6. 车×g8 成为逼和。

5. … 车 g8   6. 王 f2

若 6. 车 g2? 车×g7   7. 车×g7，黑方又无子可动。

6. … 王 h2   7. 车 g4！！

取胜的关键。如 7. 车 g2+ 王 h3   8. 王 f3 车 f8+，或 7. 车 h6 h3   8. 车 h7 车 a8！   9. 车 h8 车 a2+，白方逸失胜机。又如 7. 王 f3 看似有力，但黑方可应以 7. …王 h1！（7. … h3?   8. 车 g3）8. 王 g4（8. 王 f2 h3   9. 车 g3 h2）8. … h3   9. 王×h3 车×g7，逼和。

7. … h3

在 7. … 王 h3 时，白方接走 8. 王 f3。

8. 车 g3！车×g7   9. 车×g7 王 h1   10. 车 g1+ 王 h2   11. 车 g3 王 h1   12. 车×h3#

此排局发表 6 年后，在 1958 年世界女子冠军赛的对局中出现如图局势。与上图相比，只是白王位置略有差异，但无关宏旨。

世界冠军鲁布佐娃在此误走 68. … h3?（68. … 王 h3   69. … 车 g4，白方也胜）经 69. 车 g3！车×g7   70. 车×g7 王 h1，未等白方走棋即认输了。白方最简单的赢法是 71. 王 g3 h2   72. 车 a7 王 g1   73. 车 a1#。

如知晓上述排局，改走正确的 68. … 王 h1！   69. 王 g4 h3   70. 王×h3 车×g7，黑方可以求得和局。

第 11 局

米·马托乌什，1984 年

白先胜

作者是捷克排局家。

战斗将围绕白方的 b6 通路兵进行，结局出人意料。

1. b7

这里 1. 象 e3+? 是错觉，黑方可拒吃弃子，应以 1. … 王 d3!（1. … 王×e3 2. 马 c4+）2. b7 车 d8　3. 象 f4 e5! 成和棋。

1. … 车 d8

如 1. … 车 b6，白方可走 2. 象 e3+! 王×e3　3. 马 c4+。

2. 象 f4 e5

另一变化是 2. … 车 h8+　3. 王 g6 e5　4. 马 f3+ 王 e4　5. 象×e5 车 g8+ 6. 王 f7 车 d8　7. 象 c7 车 h8　8. 马 g5+ 王 f5　9. 马 e6，白方胜定。

3. 马 f3+ 王 e4

或 3. … 王 d5　4. 象×e5 王 e4（4. … 王 c6　5. b8 后）5. 马 g5+! 王×e5 6. 马 f7+击双。

4. 马 g5+! 王 f5

若 4. … 王×f4，则 5. 马 e6+。

5. 象×e5

白象控制 b8 格，并守护住 h8 格，不怕 5. … 王×e5，因 6. 马 f7+。在 5. … 车 g8 时，接走 6. 马 f7 王 e6　7. 马 h6!，再 8. b8 后，胜定。

5. … 车 e8!　6. b8 车!

白方面临考验。随手 6. b8 后？车 h8+！7. 后×h8，只是逼和。

6. … 车×e5　7. 车 f8#！

短兵相接，着法紧凑。

第 12 局

格·萨霍佳金，1951 年

白先胜

作者是俄罗斯著名排局家、邮电工程师，曾在卫国战争中两次负伤，被授予光荣勋章。

面对有威胁的 a2 兵，白方单纯防守无法取胜，例如 1. 车 c1 马 c5+ 2. 王 b5 马 b3，或 1. 车×d4+ 王 c7　2. 车 d1 马 c3+。而在对抗的竞技中，能组织积极防御，及时进行反击，才是最理想的途径。

1. 象 b5+！

攻守兼备，一方面指向黑王，一方面为白车腾空 a 线以拦阻黑兵。

1. … 王 d8

如 1. … 王 e7　2. 车 c1 马 c3+　3. 王 b4！马 b1　4. 车 c7+ 王 d6　5. 车 a7 或 1. … 王 d6（e6）　2. 车 c1 马 c3+　3. 王 b4 马 b1　4. 车 c6+ 王 d5 5. 车 a6，白方胜定。

2. 车 c1 马 c3+　3. 王 a5！

现在 3. 王 b4？马 b1，黑方反胜；3. 王 b3 马×b5 成和棋。

3. … 马 b1　4. 王 b6！

白方围歼黑王的意图逐渐明显。但 4. 车 e1 次序错误，因 4. … 王 c7！

4. … a1 后

若 4. … 王 e7，则 5. 车 c7+再 6. 车 a7。

5. 车 e1！

伏 6. 车 e8#，黑方无法有效化解。白胜。

第 13 局
弗·科罗利科夫，1935 年

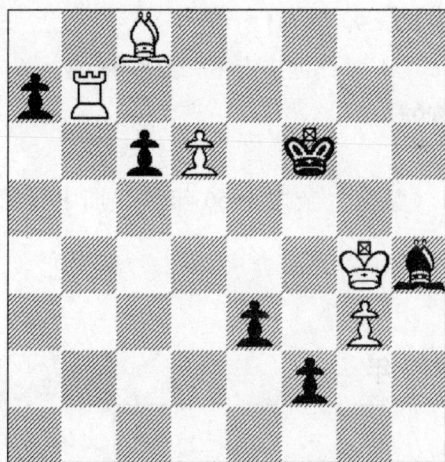

白先胜

作者是俄罗斯排局特级大师。他是现代浪漫主义风格的代表，其职业为电气工程师。

黑方有两个将要升变的相连通路兵，白象被车阻拦，不能直接回至 a6 格。经 1. 车 b1 e2　2. d7 王 e7，或 1. 车 f7+ 王×f7　2. 象 a6 象 d8　3. 王 f5 e2！3. 象×e2 a5，黑方胜定。因此，白方需运用引入加闪击的战术组合取胜。

1. d7　王 e7

改走 1. … 王 g6　2. 王×h4 f1 后　3. d8 后 后 h1+　4. 象 h3 后 e4+5. g4，黑方无法长将和。

2. 车 b8！！

白车埋伏在 c8 象后面，准备实施闪击。经 2. … f1 后　3. d8 后+！王×d84. 象 a6+ 王 c7　5. 象×f1 王×b8　6. g×h4，黑王来不及进入白 h 兵的方形区，同时黑 a 兵也落后于白兵。

2. …　象×g3！

针锋相对，黑方先消除后患。现在 3. 王×g3 f1 后　4. d8 后+ 王×d85. 象 a6+ 王 c7　6. 车 b7+ 王 c8　7. 车 b6+（7. 车 b1+?? 后×a6）7. … 王 c78. 车 b7+ 王 c8　9. 车×a7+ 王 b8　10. 车 b7+ 王 a8，白车丢失成和棋。

3. 车 a8! f1 后　4. d8 后+! 王×d8　5. 象 a6+ 象 b8!

再起风波。白方不能走 6. 车×b8+，因 6. … 王 c7。

6. 象×f1 王 c7

黑方困住白车，准备走 7. … 王 b7。

7. 象 a6!

若 7. 象 e2? 王 b7　8. 象 f3 e2! 9. 象×e2 王×a8，黑方达到目的。

7. … e2　8. 象×e2 王 b7　9. 象 f3!

胜利即将来临。在 9. … a6 时，可接走 10. 象×c6+ 王×c6　11. 车×b8 胜。

9. … 王×a8　10. 象×c6#!

单象构杀。

笔者曾在广州出版的《象棋》杂志 1966 年第 2 期中介绍过这个精彩的排局。

第 14 局

亨·卡斯帕良，1939 年

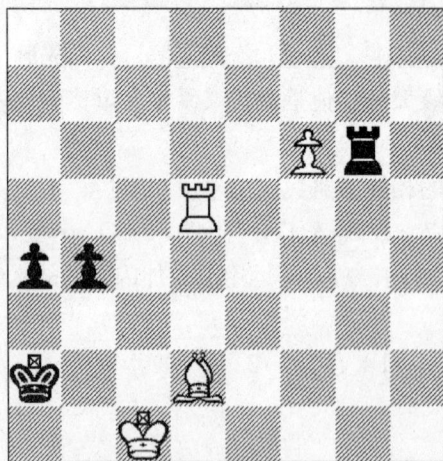

白先胜

作者是享有国际盛誉的排局特级大师，生于格鲁吉亚，后定居亚美尼亚，曾参加过反法西斯战争，1996 年以 85 岁高龄去世。他也是一位高水平的国际象棋大师，多著述。

白方有子力优势，但看起来黑兵也具有威胁性。经 1. 象×b4 车×f6，简单成和棋。因此，白方需保留 f 兵才有取胜机会。

1. 象 g5!

若是 1. 车 f5? 车 g1+　2. 王 c2 b3+　3. 王 c3 b2　4. f7 车 c1+! 　5. 王 d4

车 c8，黑方大优。

1. … b3　2. 车 d2+　王 a1　3. f7

改走 3. 象 e3? 似佳实劣，因 3. … b2+!　4. 车×b2 车×f6　5. 象 d4 车 f1+ 6. 王 c2 a3!　7. 车 b1+ 王 a2　8. 车×f1，形成逼和。

3. … 车×b5!

黑方准备使车侵入第 2 横排构杀。如 3. … a3，白方可巧胜：4. 车 d1! 车 d6（4. … b2+　5. 王 c2+ 王 a2　6. f8 后 车 c6+　7. 王 d3）5. f8 后 b2+ 6. 王 c2+ 车×d1　7. 后 a3#。

4. f8 后 车 g1+　5. 车 d1 车 g2

产生 6. … b2#及 6. … 车 c2#的双重威胁。这时 6. 车 d2 车 g1+　7. 车 d1 车 g2，双方不变是和棋。

6. 后 a3+ 车 a2

此后，经 7. 后 c5 车 h2（7. … b2+　8. 王 d2+! b1 后+　9. 王 e1 白胜） 8. 车 d2 车 h1+　9. 车 d1 车 h2，仍为双方不变。

7. 车 d2!!

"多算胜，少算不胜"，"深谋远虑，胜乃可期"。

7. … 车×a3

或 7. … b2+　8. 后×b2+ 车×b2　9. 车×b2 a3　10. 车 b1+! 王 a2 11. 车 b8 王 a1　12. 王 c2 a2　13. 王 b3! 王 b1　14. 车 h8 a1 马+　15. 王 c3， 白方胜定。

8. 车 b2!

黑方陷于困境。特级大师的创作笔记中载明，正是这个局势引发了整体 构思。

8. … 车 a2　9. 车 b1#

经典佳作。

第15局

维·切霍维尔，1956 年

白先胜

作者是俄罗斯一位钢琴家，兼有比赛实践和排局创作双重大师称号。我们欣赏他的佳作，如同聆听他演奏的动人乐曲。

白方多一马，但黑子位置协调，存在强劲反击。白方必须行动精确才能取胜。

1. d7 f2

黑方来不及吃马，因 1. … 王×d3（1. … 车 d8 2. 马 c5）2. 车 d5+ 王 e2 3. d8 后 车×d8 4. 车×d8 f2 5. 车 e8+!（典型手段，借将军赢得时间）5. … 王 f3 6. 车 f8+ 王 e2 7. 王 g2。

2. 车 e5+!!

诱人的假象是 2. 车 g3+，以下走法黑方都输：2. … 王 d2 3. 马×f2 车×f2+ 4. 车 g2；2. … 王 d4 3. 车 f3 车 d8 4. 马×f2 车×d7 5. 车 d3+；2. … 王 e4 3. 马×f2+ 车×f2+（3. … 王 f4 4. 马 d3+ 王 e4 5. 马 c5+）4. 车 g2 车 f8 5. 车 e2+ 王 d5 6. 车 e8。

但黑可应以 2. … 王 e2!，经 3. 马 f4+ 王 d2（3. … 车×f4 4. d8 后 f1 后 5. 后 d3+ 王 e1 6. 车 e3+）4. 车 d3+ 王 e1 5. 马 g2+ 王 e2 6. 车 e3+ 王 d2 7. 车 f3! 车 d8! 8. 车×f2+ 王 c3 9. 车 f7 王 d4（黑王回防）10. 马 f4 王 e5 11. 马 g6+ 王 e6 12. 车 h7 王 f6 13. 马 f4 王 e5，白方不能获胜。

2. … 王 d4

顽强抵御。若 2. … 王×d3 3. 车 e8 车×e8 4. d×e8 后 f1 后 5. 后 b5+!；

或 2.··· 王 f3　3. 马×f2　王×f2　4. 车 e8　车 f7　5. 车 e2+!（5. d8 后?? 车 h7+）
5.··· 王×e2　6. d8 后，白方也胜定。

3. 车 e8　车×e8　4. d×e8 后　f1 后

富有变化的序曲过去，似乎和局已定，但随即开始了新的华丽乐章。

5. 后 e5+!　王 c4

我们已经知晓 5.··· 王×d3　6. 后 b5+ 的变化。以下，引入加击双的战术
组合作为主旋律反复出现。

6. 后 c5+　王 b3　7. 后 b4+　王 c2　8. 后 b2+　王 d1　9. 后 c1+　王 e2
10. 马 f4+

另一旋律展开。

10.···　王 f2　11. 马 h3+　王 e2　12. 马 g1+　王 f2　13. 后 d2+

终曲到来。

13.···　后 e2　14. 后×e2#

余音绕梁，引人回味。

第 16 局

弗·布隆，1950 年

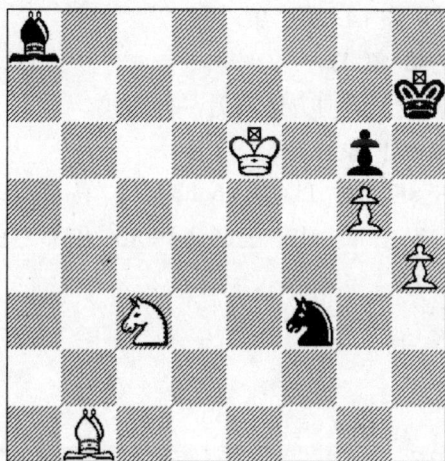

白先胜

作者是乌克兰排局国际特级大师，他也是一位知名的技术科学博士。

构图极自然，好像产生于实战对局。白方子力位置主动，黑王位于盘角，
尽管残存的兵数量很少，白方仍可寻求杀机。

1. h5

黑 g6 兵被白象牵制，是首要攻击目标。

1. ··· 马×g5+

如 1. ··· 王 g7，白方续以 2. h6+！王 h7　3. 王 f6　马 h4　4. 马 e2　象 c6　5. 马 f4　象 e8　6. 象 c2！黑兵失守。

2. 王 f6　马 e4+！

弃子消除白兵。若走 2. ··· 王 h6，经 3. h×g6　象 c6　4. g7　马 h7+　5. 象×h7　王×h7　6. 王 f7　象 e8+　7. 王 f8！，白兵升变为后。

3. 马×e4

当然，3. 象×e4　象×e4　4. 马×e4　g×h5 正遂黑方心愿。

3. ··· g×h5

这时 3. ··· 象×e4 不成立，因 4. 象×e4　王 g8　5. h×g6！白方胜定。

4. 马 g5++　王 h8

其他走法也输：4. ··· 王 h6　5. 马 f7#，或 4. ··· 王 g8　5. 象 a2+　王 f8（5. ··· 王 h8　6. 王 f7，再王 f8）6. 象 f7 构杀。

5. 象 a2！

白方已想出将杀图式。

5. ··· 象 b7

调象护王。推进 h 兵也来不及解救。5. ··· h4　6. 王 f7　h3　7. 王 f8　h2　8. 马 f7+　王 h7　9. 象 b1+　象 e4　10. 象×e4#。

6. 王 f7　象 a6　7. 王 f8　象 d3

黑象掩护住 b1—h7 斜线，但白方还有另一种图式。

8. 象 g8　象 g6　9. 象 h7！象×h7

或 9. ··· 象 f7　10. 王×f7　h4　11. 王 g6　h3　12. 马 f7#。又如 9. ··· 象 e8　10. 王×e8　王 g7　11. 王 e7　王 h6　12. 王 f6　h4　13. 象 f5，白方胜势。

10. 马 f7#

第 17 局

德·彼得罗夫，1936 年

白先胜

作者是俄罗斯喜爱排局创作的一位教授。

局势尖锐，直接兑子显然于白方不利。但前突的 b6 兵给予白方进行战术打击的机会。

1. 车 e7+！王 d6

如 1. … 王×c6　5. b×c7，白方轻易取胜。

2. b×c7 马×c6

黑方也运用战术手段反击。

3. c8 马+！

不可走 3. c8 后？因 3. … 马 e5+　4. 车×e5 车×c8。白兵若升变，赢得时间巧妙构杀。

3. … 王 d5　4. 马 b6+ 王 d6　5. 车 d7+ 王 e5　6. 车 d5+！

堵塞。

6. … 车×d5　7. 马 c4#

"因形用权。"

第 18 局

排局创作与实战对局向来有紧密联系。

在 1966 年的一个比赛中形成如图局势。执白棋的大师知晓典型的构杀方法，利用引离迅速取胜。

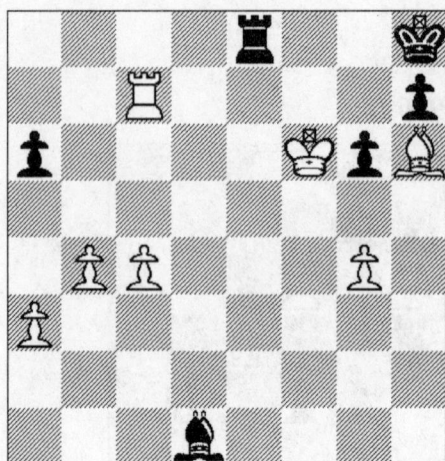

白先胜

40. 王 f7

伏 41. 象 g7#。

40. … 车 g8 41. 车 c8!

黑方认输，因 41. … 车×c8 42. 象 g7#。

这样的杀势很早就出现过，已成为排局创作的素材。

第 19 局

德·戈杰斯，1955 年

白先胜

这是一次初学者排局创作竞赛中的获奖作品。

1. 车 b7+ 王 a8

黑王只得躲进角落，否则 1. … 王 c8 2. 车×b6#。

2. 车 h7 象 f4　3. 王 c7 车 b8　4. 车 f7！

不可急于 4. 车 h8？？ 因 4. … e4+黑胜。

4. … 象 h2

白方已威胁 5. 车 f8！ e4+　6. 车×f4。

5. f3！

切勿忘记吃过路兵的规则：5. 车 f8？？ e4+　6. f4 e×f3+，白方反而输棋。

5. … b5　6. 车 f8！

战术打击时机成熟。

6. … e4+　7. f4 象×f4+　8. 车×f4 b4　9. 车 f8 车×f8　10. 象 b7#

第 20 局

安·林克，1921 年

白先胜

作者是法国排局艺术大师。

小型排局子力寥寥可数，兵种单一。但白方洞察到黑王的不利位置，巧妙运用双车，仍为我们呈献赏心悦目的场景。

1. 车 e7+

逼黑王至盘角，是必走之着。

1. … 王 h8

当然不能 1. … 车 g7　2. 车×g7+ 王×g7　3. 车×d8。

2. 王 h6

伏 3. 车 h7#，黑方来不及吃 d1 车。

2. … 车 ge8

如 2. … 车 gf8，白方接走 3. 车 h7+ 王 g8 4. 车 g1#；若 2. … 车 g6+，则 3. 王×g6 车×d1 4. 车 e8#。

3. 车 dd7！！

"以正合，以奇胜。"白双车侵入黑方咽喉要地，已威胁 4. 车 h7+ 王 g8 5. 车 dg7+ 王 f8 6. 车 h8#。四车直面相对，黑方有先行权，却无满意着法可走：3. … 车×d7 4. 车×e8#；3. … 车×e7 4. 车 d8#。

3. … 王 g8 4. 车 g7+ 王 h8 5. 车 h7+ 王 g8 6. 车 dg7+ 王 f8 7. 车 h8#

借用现今国际上一位著名教练的话解答这样的排局，"不仅愉快，而且有益"。爱好者可从中学会王、车的不同杀法。

第 21 局

亚·马克西莫夫斯基赫，1988 年

白先胜

作者是俄罗斯著名排局家，这个作品获国际棋联举办的第 3 届世界排局赛第 14 名。

白双车已入侵第 7 横排，但黑方有前突通路兵及车 b3+ 的反威胁，白方需精确构杀。

1. 车 ef7+

使车远离对方的王，是车类残局的一般常识。

1. … 王 e8 2. 车 b7！

攻防兼备。

2. … 车 c8+！

以强力反击进行对抗，成为当今排局创作的重要内容。面对车 g8#，简单地 2. … 王 f8，经 3. 车 gf7+ 王 e8　4. 车 h7! 或 3. … 王 g8　4. 车 fd7!，黑方再弃车失去意义，白方速胜。

3. 王×c8 车 a8+　4. 王 c7

不可走 4. 车 b8?? 因 4. … 车×b8+　5. 王×b8 f2　6. 车 g8+ 王 f7，黑方胜定。

4. … f2　5. 王 d6!

仍伏 6. 车 g8#。若 5. 车 g8+ 王 f7!　6. 车×a8 f1 后　7. 王 d6+ 王 g6，或 5. 车 b1 车 a7+　6. 王 d6 车×g7，只能和棋。

5. … 车 d8+

立即 5. … f1 后，白方续以 6. 车 g8+ 后 f8　7. 车 e7+ 王 d8　8. 车×f8#。

6. 王 e6 f1 后　7. 车 g8+ 后 f8　8. 车 e7#

第 22 局

阿·科拉尼，1988 年

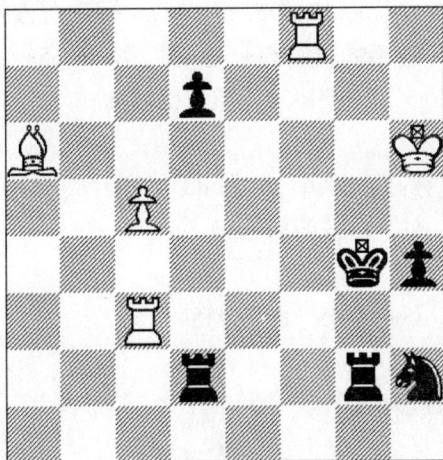

白先胜

作者是匈牙利排局家。在第 3 届世界排局赛中，这个多兵种作品荣获胜和习题部分的第 1 名。

黑方多兵，初看之下似乎子力更加协调，仔细观察，会发现白王和双车实际上钳制住黑王，由此特征引导我们去想，如果白象也参与攻王结果会怎样呢？

1. c6!

意在引离 d7 兵。

1. … 车 d6+!

为黑王开拓空间。若 1. … d×c6，接着 2. 象 c8+ 车 d7 3. 象×d7#。

2. 王 h7 车×c6

仍不可 2. … d×c6，因 3. 象 c8+ 王 g5 4. 车 f5+ 王 g4 5. 车 f2+，白方胜定。

3. 车 g8+!

重要的过渡，由此引发激烈的战斗，考验双方的计算能力。

3. … 王 h5

只得如此。若 3. … 王 f4 或 3. … 王 f5，白方走 4. 车×c6 车×g8 5. 车 c4+ 或 5. 车 c5+，再 6. 王×g8。这里又出现四车相对的有趣局面。

4. 车×c6 车×g8 5. 象 e2+!

此时 5. 车 c5+过渡，黑方可应以 5. … 车 g5 6. 象 e2+ 马 g4，白方反处下风。5. 车 h6+ 王 g5，白方也不利。既然黑车已撤离第 2 横排，白象立即机敏地投入战斗。

5. … 马 g4

最顽强的抵御。在 5. … 王 g5 或 5. … 车 g4 时，白方接走 6. 车 c5+。5. … 马 f3 6. 车 c5+!（随手 6. 象×f3+ 王 g5 7. 车 c5+ 王 f4 8. 王×g8 王×f3，成和棋）6. … 车 g5 7. 象×f3#，黑王也被擒。

6. 车 d6!

不能松懈：6. 车 f6 王 g5；6. 车 a6 车 d8! 7. 车 h6+（7. 车 a5+ d5）7. … 王 g5 8. 车 g6+ 王 f4，白方前功尽弃。

6. … 车 g5

或 6. … 车 f8 7. 车 d5+ 车 f5 8. 车×f5#。

7. 车 h6#

"进而不可御者，冲其虚也。"

第 23 局

弗·拉扎尔，1923 年

白先胜

作者是法国排局家，曾任法国排局家协会主席，也常参加比赛。

黑方子力大优，不惧 1. g8 后，因可 1. … 象 e4+ 取胜。但白马可以进入中心，利用将军改善子力结构，并恶化黑子的处境，白方仍有胜机。

1. 马 e5+！

打通 a2—g8 斜线，将黑王引入绝境。1. 马 d6+ 不好，因 1. … 王 d3！，白方无可取后续手段。

1. … 王 d4

如 1. … 王 b3 逃逸，2. g8 后+立即取胜。在 1. … 王 b4 或 1. … 王 c3 时，白方走 2. 马 d5+ 遮断 h1—a8 大斜线，随之 3. g8 后，黑方不能有效闪击，3. … 象 e8+ 4. 后×e8。然而，黑王至中心格，在此也难逃厄运。

2. g8 后！！

诱使黑象自阻黑王出路。若直接 2. 王 d6，黑方应以 2. … 象 h7 3. 马 b5+ 王 e4 4. 马 c3+ 王 f5。

2. … 象 e4+ 3. 王 d6 车×g8 4. 马 b5#！

"银瓶乍破，铁骑突出。"

第 24 局

约·罗伊克罗夫特，1965 年

白先胜

作者是英国著名排局家，长时间主编专门刊载胜和习题的季刊。

白方子力占优，但白车身陷重围，白马也有隐患。不可走 1. 王 b4，因
1. … 马 d5+。

1. 象 g7

保护白车，并伏 2. 车×d3+闪击。

1. … 王 b1

仍准备 2. … b4 捉车。

2. 马 f6！

白马脱离险地，控制住重要的 d5 格。经 2. 车 a3 马 c2 3. 车 a5 象×h7
4. 车×b5+ 王 c1，或 2. 王×b5 马 d1 3. 车 a3 c3+ 4. 王 c5 象×h7，黑方求
得和棋。

2. … b4！

尽力寻求反击。2. … 马 c2 3. 马 d5，白方简单取胜。

3. 王×b4 王 b2

伏 4. … 马 c2+，似乎黑方达到目的。

4. 象 h8！

弈棋与竞赛不同，后者分秒必争不能停顿，这里有时走一步等着，将先行
权转让给对方，反而是好棋。

4. … 马 c2+

箭在弦上，不得不发。黑方无满意等着可走，4. … 王 b1　5. 王 c5 王 b2
6. 马 d5，或 4. … 马 d1　5. 车 a3 c3　6. 马 d5，皆为白胜。

5. 王 a4! 王×c3

黑方看似得遂心愿，然而致命一击接踵而至。

6. 马 e4#

双将杀极具威力。

第 25 局

阿·古尔维奇，1929 年

白先胜

作者是俄罗斯排局国际大师，从事文艺评论工作。

双方子力相当。黑王孤军深入引人注目，成为黑方失败的根源。

1. 马 b2!

切断黑王退路，威胁 2. 车 h4 再 3. 车 a4#或 3. 象 b4#。

1. … 车 e4

如果 1. … b5　2. 车 h4 马 c6 防守，白方可利用堵塞战术走 3. 车 a4+!
b×a4　4. 马 c4#。

2. 象 e3! 马 c6

面对 3. 象 c5+及 3. 象×a7 的打击，黑方调马遮将。不能 2. … 车×e3，因
3. 马 c4+。

3. 象 c5+ 马 b4　4. 马 d3 a5　5. 象×b4+ a×b4　6. 车 h8!

正确的选择。若 6. 车 h5 b6　7. 车 h8，黑方应以 7. … b2。

6. … 车 e6

现在 6. ··· 王 a4   7. 马 c5+或 6. ··· b2   7. 车 a8+ 王 b3   8. 马 c5+，白方抽车胜。

7. 车 a8+ 车 a6   8. 车×a6+ b×a6   9. 马 b2!

再次封锁黑王去路。

9. ··· a5   10. 王 a1! a4   11. 马 c4#

"猎马带禽归。"

第 26 局

克·法布里齐乌斯–劳里特森，1908 年

白先胜

作者是丹麦排局家，在一家报纸举办的竞赛中获奖。

在棋子的绝对价值上，黑方大优。但弈棋不是简单的数量比，决定战局的是棋手对子力结构做出的判断。黑王寸步难移，退至 d5 格白方即象 b7 击双；黑后受白马监控，只有 g2 和 h1 格可走。从白方角度看，d3 格与 h1—a8 大斜线是攻击方向，但时机尚未成熟，经 1. 象 d3+ 王 d5 或 1. 象 b7+ d5   2. 象 a6 后×h1 黑方反胜。应如何着手？

1. c4!!

表面平淡无奇，实则暗藏锋芒，切中要害。黑方的 d 兵是必须铲除的障碍！现在伏 2. c5 再象 b7+的威胁。

1. ··· 后×h1

白方悄然推进 c 兵，局势顿时改观，黑 d 兵已不能轻举妄动：1. ··· d5
2. c×d5 e×d5（2. ··· 王×d5   3. 象 b7+）3. 象 d3#；1. ··· d6   2. c5! d×c5
（2. ··· d5   3. 象 d3#，或 2. ··· 后×h1   3. c×d6）3. 象 b7#。

2. c5! 后 a1

黑后无法守护 b7 格。

3. 象 b7+ d5　4. c×d6#!

"攻而必取者，攻其所不守也。"

第 27 局

安·林克，1906 年

白先胜

法国排局艺术大师的又一佳作。

后类残局中黑方多一通路兵，但黑王在另一翼处于白子包围之中，白方应想到构杀的可能性。

1. 后 b1!

立即产生 2. 后 b5+ 王 d4　3. 后 d5#的威胁。

1. … 王 d4

黑方反击 e4 兵，白方消极地应以 2. d3 明显居于下风。而 2. 后 b4+ 王 d3 3. 后 c3+ 王 e2!（3. … 王×e4? 4. 后 c2+），使黑王脱离险区。

2. 后 b3!!

不让黑王逃逸，是制胜的关键。

2. … 后×e4+　3. 王 d6

伏 4. 后 c3#。黑后如撤离 h1—a8 大斜线，则 4. 后 d5#。

3. … 后 a8

黑后退至难有作为的角格，实属无奈。若 3. …后 g2 或 3. … 后 h1，白方接走 4. 后 c3+ 王 e4　5. 后 c6+击双。

4. 后 e3+

开始向同一角落驱赶黑王，以便构杀。

4. … 王 c4 5. 后 c3+ 王 b5 6. 后 b3+ 王 a6

否则 7. 后 a3+。

7. 后 a4+ 王 b7 8. 后 b5+ 王 a7

或 8. … 王 c8 9. 后 d7+ 王 b8 10. 后 c7#。

9. 王 c7

杀势已成，黑方无力化解。

第 28 局

安·林克，1915 年

白先胜

20 世纪初法国排局艺术大师的作品。

黑王位于中心，遭到白方所有子力的围困，终于无法抵抗接踵而来的将杀威胁。

1. d4+ 王 f5 2. 象 e2

伏有 3. 象 g4#。不可 2. 马 e8，因 2. … 后 d1＋。现在白象抢先掩护住 d1—h5 斜线。

2. … 车×e2 3. 马 e8

现在威胁 4. 车 f6#，然而黑车自阻黑后。

3. … 车 f7 4. 车 f6+！

堵塞黑王的退路。

4. … 车×f6 5. 马 g7#

步步紧逼，不容喘息。

第 29 局

约·贝格尔，1890 年

白先胜

作者是奥地利国际象棋大师、杰出的国际象棋理论家和排局家。

无兵的超小型排局。黑子被困一隅，但黑后仍有机动能力，白方用常态思维难于取胜。

1. 王 h6！

如 1. 王 h4 逼近黑子，经 1. … 后 f2+！ 2. 后×f2 成和棋。而立即 1. 后 d5+ 后 g2 2. 后 d1+ 后 g1 3. 后 f3+ 后 g2，白方无有效的后继手段。白王远离黑子，是为白后腾空 h5 格，拓展打击空间。

1. … 后 f2

试探白方应着。在 1. … 后 g2 时，白方续以 2. 后 d1+ 后 g1 3. 后 d5+！以下同主变；3. 后 h5+? 不好，因 3. … 王 g2 4. 后 g4+ 王 f1 5. 后 f3+ 后 f2。

2. 后 d5+！

防止黑王沿白格出逃。

2. … 后 g2

若 2. … 王 g1，白可 3. 象 c5 进行牵制。

3. 后 h5+

迫黑王进入白象打击范围，迅速构杀。

3. … 王 g1 4. 象 c5+ 王 f1 5. 后 d1#

后、象的典型杀法。

第 30 局

杰·莫尔泽，1955 年

白先胜

作者是英国金融界知名人士，酷爱国际象棋。

显然，白方赢棋的希望寄托在 a 兵身上。为消除对方的反击，首先需简化局面。

1. 后 e8+ 王 c7　2. 后 b8+ 王 c6　3. 后 b7+! 后×b7+　4. a×b7

白兵借兑子前移一排。

4. … 马 a6　5. 王 a7!

立即 5. b8 后 马×b8 6. 王×b8 c4 是和棋，例如 5. 王 a7（5. c3 王 b6!）5. … c3 6. b×c3（6. b3 王 b5）6. … 王 c5 等。

5. … 王 b5　6. c4+ 王 a5

黑王被逼至盘边。

7. b3

再控制住 a4 格。

7. … 马 b4

黑方计划着：8. b8 后 马 c6+ 9. 王 b7 马×b8 10. 王×b8 王 b4。但白方早已成竹在胸。

8. b8 马!!

黑方顿时陷入困境，逼走损着。

8. … 马 a6　9. 马 c6#!

若 9. 马×a6? 形成逼和。

第 31 局

埃·多布列斯库，1987 年

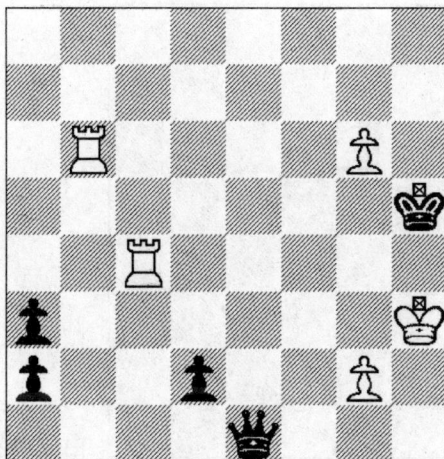

白先胜

作者是罗马尼亚排局国际特级大师。

第二个黑后即将出现，但王的安危及主动权的归属是估计局面极重要的因素。

1. g7!

伏 2. 车 c5+ 的致命威胁。直接 1. 车 c5+ 不好，因 1.… 王 h6　2. g7+ 王×g7　3. 车 c7+　王 f8　4. 车 b8+　后 e8，黑胜。

1.… 后 h1+

若 1.… 后 e3+　2. g3 后×b6，白方可简单应以 3. g8 后，构杀。

2. 王 g3 后 e1+　3. 王 h2 后 h1+

黑方用战术组合反击，以消灭 g7 兵。如 3.… 后 e5+　4. 王 h3 后×g7（4.… 后 e3+　5. g3；4.… 后 f5+　5. g4+），白方应以 5. 车 c5+ 后 g5　6. g4#。

4. 王×h1 a1 后+　5. 王 h2 后×g7　6. 车 c5+!

不可随手 6. 车 b5+? 因 6.… 后 g5! 7. 车×g5+　王×g5　8. 车 d4 a2。

6.… 王 h4

这时 6.… 后 g5　7. 车×g5+　王×g5　8. 车 b1　王 f4　9. 王 g1　王 e3　10. 王 f1　王 d3　11. 车 d1 a2　12. g4，白方胜定。

7. 车 b4+ 后 g4　8. g3#

第 32 局

尤·贡斯特，1926 年

白先胜

作者是芬兰排局家。他创作的排局数量不多，但质量很高。

世界冠军卡帕布兰卡指出，在较多场合，后与马协作机会大于后与象。因为马，两种颜色的格位都可走到，近距离打击范围较广。它与远距离作战的后合作，方式多样，相得益彰。这里是一个例证。

1. 后 a5+

首先缩小黑王的活动范围。

1. … 王 b8　2. 后 b6+　王 a8　3. 马 b5！

伏 4. 马 c7#。白后守住 f6 格，白马守住 a3 和 c3 格，黑子构不成反击，黑后只得撤回防守。

3. … 后 b7　4. 后 d8+！

改走 4. 后 a5+　王 b8　5. 后 d8+　后 c8　6. 后 d6+（6. 后×d1 后 a6+）6. … 王 b7　7. 后×d1 王 b6，白方不能取胜。

4. … 后 b8　5. 后 d5+　后 b7　6. 后 a2+！　象 a4

弃象缓解白方攻势出于无奈。若 6. … 王 b8，则 7. 后 g8+　后 c8　8. 后 g3+！王 a8（8. … 王 b7　9. 马 d6+）9. 后 a3+　王 b8　10. 后 a7#。

7. 后×a4+　王 b8　8. 后 f4+　王 a8　9. 后 f8+　后 b8　10. 后 f3+！　后 b7
11. 后 a3+　王 b8　12. 后 f8+

与第 9 回合相比。现在黑王位于 b8，黑方只有回后 c8 遮将，暴露出 a7 格的破绽。

12. … 后 c8　13. 后 f4+ 王 a8　14. 后 a4+ 王 b8　15. 后 a7#

对后的灵活运用值得借鉴。

第 33 局

伊·安季平，1996 年

白先胜

作者居住在俄罗斯边区中心。此作品在纪念俄罗斯著名排局家亚·卡赞采夫 90 周岁的竞赛中，由亲自担任裁判的老寿星评为第 1 名。

上例介绍了后、马优于后、象的场景，但"兵无常势，水无常形"，当一方的马位于边隅，整体子力不协调时，有象的一方也会出现胜机。

1. 象 h6+!

白方有黑格象可打击到黑王，将其驱向白子包围圈中。

1. … 王 e5

如 1. … 后×h6，接走 2. 后 d2+击双。又如 1. … 王 g4 也不安全，因 2. 后 d1+!（后沿斜线照将的手法有实践意义）2. … 王 h3　3. 后 h1+ 王 g4（3. … 王 g3　4. 后 g1+）4. 后 g2+ 王 h5　5. 后 h3#。

2. 王 c5

组织合围，威胁 3. 后 d4#。

2. … 马 b5

其他走法白方速胜：2. … 后×h6　3. 后 d4+ 王 f4　4. 后 d2+；2. … 后×e4　3. 后 g3+! 王 f6　4. 后 g7+ 王 f5　5. 后 g5#；2. … 王 f6　3. 后 d8+! 王 f7　4. 后 f8#；2. … 马 c2　3. 后 d6+ 王 f6（3. … 王×e4　4. 后 f4+ 王 d3　5. 后 c4#）4. 后 f8+ 后 f7　5. 象 g5+! 王 g6　6. 后 h6#。

3. 后 e3 后 g4

必须守护 f4 格。如 3. ··· 后×e4　4. 后 g3+见上文。又如 3. ···后 f7，接走
4. 后 g5+　王×e4　5. 后 g4+。

4. 象 g5!

禁锢黑王。象进入 h4—d8 斜线仍暗保 e4 兵，因 4. ··· 后×e4　5. 象 f6+!
王 f5　6. 后 g5#，并准备吃黑马。

4. ··· b3　5. 王×b5

时机成熟。在 5. ··· 王 d6 时，续以 6. 后 c5+　王 d7　7. 后 c6#。

5. ··· b2

现在 5. ··· 后×e4，接走 6. 象 f6+!　王 d5　7. 后 c5#。若 5. ··· 后 g2，则
6. 后 c3+　王 d6（6. ··· 王×e4　7. 后 c6+）7. 后 c5+　王 d7　8. 后 c6#。

6. 王 c5　后×e4

黑方再不能等待（6. ··· b1 后　7. 后 d4#）。

7. 象 f6+!　王 f5　8. 后 g5#

第 34 局

普·阿列斯托夫，1997 年

白先胜

俄罗斯排局家的获奖作品。

黑方有子力优势，但王的位置欠安全。白方借先行之利展开精准打击。

1. 后 a4+　王 f8　2. 后×f4+

白后击双除掉牵制 d6 兵的黑象，似乎轻易取胜，例如 2. ··· 马 f7　3. g×f7
后×f7+　4. 后×f7+　王×f7　5. 王×c8，或 2. ··· 王 g7　3. 后 f6+　王 h6　4. 后×g5+

王 g7　5. 象 f6+　王 f8　6. 后 h6+　王 e8　7. d7#。

2. … 后 f7+！

意外的反击。经 3. g×f7　马 e6+　4. 王×c8　马×f4　5. 象 e7+　王×f7　6. d7
马 e6，黑方可以守和。

3. 后×f7+！

遇乱不慌，冷静处置，是棋手必备品质。

3. … 马×f7

现在 4. g×f7　马×d6；或 4. d7　马 b6　5. 王×b6　马×d8　6. 王 c7　马 e6+，
也是和棋。

4. 象 e7+！马×e7　5. g7+！

重要的过渡。若 5. d×e7+　王×e7　6. g7　马 h6，白方仍不能胜。

5. … 王 e8

若 5. … 王×g7，则 6. d×e7　马 d6　7. 王×d6　王 f7　8. 王 d7，胜。

6. d7#

第 35 局

在古典排局中，大都是以战术组合直接将杀黑王，人工排拟痕迹较重，带
有浪漫主义色彩。这样的内容和形式，有时也在现代排局中见到，现略加介绍
以备一格。

历史上第一部印刷体国际象棋著作，出版于 1497 年。书中有如图局势，
白方可运用闪击加堵塞的战术构成闷杀。

白先胜

1. 后 e6+　王 h8（1. … 王 f8　2. 后 f7#）2. 马 f7+　王 g8　3. 马 h6+（顺

便指出，后人又发现 3. 马 d8+ 王 h8　4. 后 e8+) 3. ⋯ 王 h8　4. 后 g8+!!
车×g8　5. 马 f7#

几百年来，这种杀势多次见于实践对局，自然也成为排局家深入创作的
题材。

下一个例子，是几年前俄罗斯一位排局爱好者的作品。

白先胜

1. 后 a2+　王 h8　2. 马 f7+　王 g8　3. 马 d6+!

使 b4 车摆脱黑后的牵制。

3. ⋯ 王 h8　4. 车 b8!

将黑后引离 f7 格。

4. ⋯ 后×b8　5. 马 f7+　王 g8　6. 马 d8+!

不让黑后返回王翼。

6. ⋯ 王 h8　7. 车 e8+!

步骤分明。为制造闷杀，先把黑车引入底线，再迫使它到 g8 格。

7. ⋯ 车×e8　8. 马 f7+

条件已经成熟。

8. ⋯ 王 g8　9. 马 h6+　王 h8　10. 后 g8+!!　车×g8　11. 马 f7#

第36局

冯·维通斯蒂，1913年

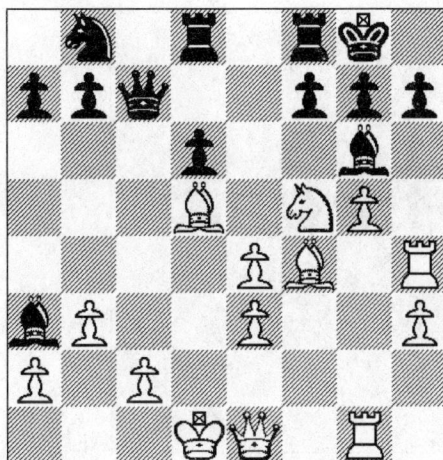

白先胜

作者是德国排局家。

复杂中局局势。白方重兵集结，指向黑王阵地，先引离黑后，再进马、弃象，撕裂黑方防线，连续构杀。

1. 后 c3！后×c3

如 1. ⋯ 马 c6 拒吃，则 2. 后×g7#。

2. 马 e7+ 王 h8　3. 马×g6+ 王 g8

经 3. ⋯ f×g6　4. 车×h7+！王×h7　5. 车 g4 车 f7　6. 象×f7，对 7. 车 h4# 黑方无力化解。

4. 马 e7+ 王 h8　5. g6！

伏 6. 车×h7#，不容黑方喘息。错棋是 5. 车×h7+ 王 h7　6. 车 g4，因 6. ⋯ g6。

5. ⋯ h6

如 5. ⋯ f×g6，立即 6. 马×g6#。

6. 象×h6！

一气呵成，黑方来不及 6. ⋯ 后 a1+击双。

6. ⋯ g×h6　7. 车×h6+ 王 g7　8. 马 f5+ 王 f6

或 8. ⋯ 王 g8　9. g×f7 双将杀。

9. g×f7+ 王 e5　10. 车 e6#

势如破竹，迎刃而解。

第 37 局

查·本特，1990 年

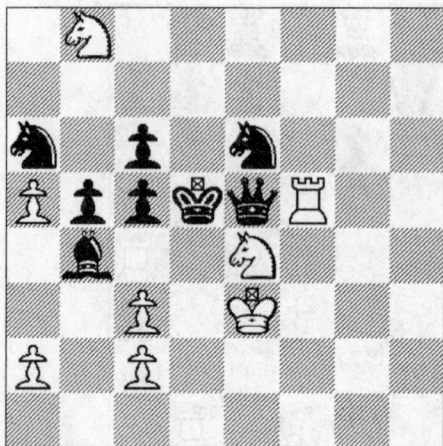

白先胜

英国著名排局家于 71 岁时发表的作品，具有古典浪漫主义色彩。

黑方子力占优，白方若走 1. 车×e5+，等于同意和棋，例如 1. … 王×e5 2. 马×a6 象×a5 3. 马 a×c5. 仔细观察局势，黑王深陷密集子力之中，而国际象棋的马无绊腿限制，在此恰有用武之地。于是，白方充分发挥想象力。

1. 马 d7！

找到切入点。

1. … 后×f5 2. c4+！

先予后取，使白马得以进入关键的 c4 格。

2. … b×c4

只有如此，因 2. … 王×c4 3. 马 b6#.

3. 马 b6+ 王 e5 4. 马×c4+ 王 d5 5. 马 b6+ 王 e5 6. 马 d7+

及时调整方向，将 c4 格留给白兵。

6. … 王 d5 7. c4+！

强行引入黑王。

7. … 王×c4 8. 马 b6+ 王 b5 9. 马 d6+

第二个白马参与打击，结局来临。

9. … 王×a5 10. 马 dc4+ 王 b5 11. a4#！

第 38 局

前面介绍了一些著名排局家及爱好者的作品，下面几例是世界优秀棋手的创作。

国际象棋史上第6位世界冠军米·鲍特维尼克（1911～1995年），是苏联国际象棋学派的主帅、科学博士。他认为棋手的才能可利用排局进行检验，这已由许多教练在选材和训练中加以证实。

白先胜

如图局势，是他13岁时在一位知名棋手家中对弈形成的。白方子力较优，但白王处境不利，天才少年立即走出好棋：1. … h5！　2. 后×h5（2. 后b7+王h6，仍伏3. … g4+　4. 王h4 后h2#；2. g4 hg+　3. 后×g4 后h1+　4. 王g3后e1+　5. 王h3 后×d2，黑方胜势）2. … 后h1+　3. 王g4 后d1+　4. 马f3后d7#，他的对手惊愕间尚未意识到已被将杀。

他将这个对局摆给17岁的朋友谢·卡米纳欣赏，后者16岁开始创作排局，当然感兴趣。于是，在一家国际象棋杂志上很快刊登出以下作品。

米·鲍特维尼克、谢·卡米纳，1925年

白先胜

看过上一个残局，解答这个排局不会很困难。

1. g4+ 王 h4　2. 象 h6! 后×h6

否则 3. 后 h2#。

3. 后 h2+ 王 g5　4. 后 d2+ 马 f4　5. 后 d8#!

鲍特维尼克晚年从事计算机程序的研究，1977 年他将这个排局提交给一台名为"少先队员"的初级计算机进行解答，45 分钟才得出答案。科技飞速发展，今日一台高级计算机只需几秒钟就做到了。

第 39 局

瓦·斯梅斯洛夫，2000 年

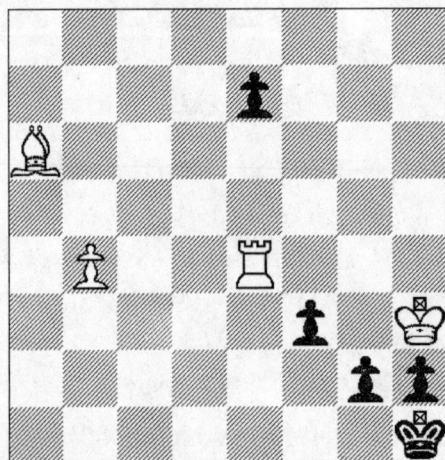

白先胜

作者是国际象棋史上第 7 位世界冠军，生于 1921 年。这位俄罗斯棋界元老德高望重，80 岁高龄仍参加比赛。

他小时候即对解答排局产生浓厚兴趣，14 岁开始发表作品。"对排局创作的喜爱，带给我很大益处。这有助于从审美角度增加对棋弈的理解，而且提高了残局水平。"他还建议每位青年棋手深入研究排局。

这个作品虽有人工雕琢的痕迹，但对爱好者了解双将和牵制手段的威力是十分有益的。

1. 车 e1+ g1 后　2. 象 f1!

使白车埋伏起来，形成待机而发的闪击结构。

2. … e5

在 2. … 后 f2 或 2. … f2 时，白方皆应以 3. 象 g2#。

3. b5

双方的兵展开速度之争。

3. ⋯ e4 4. b6 e3 5. b7 e2

似乎黑方领先了。

6. 象 g2+！

弦上之箭终于发出，抢得先机的实际上是白方。

6. ⋯ f×g2 7. b8 后 后×e1 8. 后×h2#

第 40 局

保·克列斯，1936 年

爱沙尼亚国际特级大师保罗·克列斯（1916~1975 年），在 20 世纪久享盛名。他才华横溢，也喜爱排局创作，曾多次获奖。

白先胜

白方子力大优，但白王面临严重威胁。直接 1. 后 b8 阻止不了黑兵的前进，必须刻不容缓地采取强力措施。

1. 马 c2+！

攻守兼备。在 1. ⋯ 象×c2 时，已能走 2. 后 b8，既阻止黑兵升变（2. ⋯ b2+ 3. 王×c2）又准备于 a 线构杀（2. ⋯ 象 b1 3. 后×b3）。

1. ⋯ 王 a2

仍威胁 2. ⋯ b2+。

2. 马 b4++ 王 a1

如 2. ⋯ 王 a3 出逃，白方应以 3. 马 d3！（再次连消带打，防 3. ⋯ b2+，并伏 4. 后 d6+ 王 a2 5. 后 a6#或 4. ⋯ 王 a4 5. 后 b4#）3. ⋯ 象×d3 4. 后 d6+ 王 a2（4. ⋯ 王 a4 5. 后×d3）5. 后 d5!!，牵制住 b3 兵，经 5. ⋯ 象 b5

6. 后 a8+擒获黑王。

3. 后 a2+!!

极意外的战术打击,白方弃后把黑王堵塞在角格。

3. ··· b×a2　4. 马 c6!

在实战及排局中走出"冷着",会产生审美价值,使人赏心悦目。白马冷静地进入 c6 格,未直接攻击对方子力,而伏有强劲的威胁,对方即便发觉也化解不开。下步棋白马准备走马 d4,然后伺机至 b3 或 c2 将杀黑王,黑象来不及调入 d1—a4 斜线防守,黑 h 兵也来不及升变。

4. ··· h3　5. 马 d4 h2　6. 马 b3#

1976 年克列斯应邀为英国一位名排局家的著作写序,指出"排局是永远受到棋弈爱好者高度关注的领域"。"每位棋手,无论是初学者还是富有经验者,经过长时间思考,得以在一个精巧复杂的局势中找出答案,都会感到特别愉快"。他也以自己的佳作为公众提供了乐趣、欣慰和自豪。

第 41 局

奥·杜拉斯,1939 年

白先胜

作者是 20 世纪捷克著名棋手、国际特级大师,在排局创作领域也富有成就。

黑方子力占优,黑王被困角格,白方必须抓紧时机灵活运子,最终用车和王构筑杀势。

1. f7!

白王在 c7,白车应调至 a 线构杀。但立即 1. 车 g5 不好,因 1. ··· 马 b3 2. f7 象×f7　3. 车 g4 马 c5　4. 车 g1 马 a6+ 黑胜。

1. … 象×f7　2. 车 g4　象 b3

白方弃兵将黑象引离第 4 横排，再逼它回到 b3 格，阻碍黑马回防。

3. 车 g1！

使黑马改变位置，以后不能至 b3 控制 a5 格。若 3. 车 g5？ 象 d5！　4. 车×d5 马 b3，黑方又胜势。

3. … 马 c2

改走 3. … 象 d1　4. 车 g5　马 b3　5. 王 b6！，黑象不能回 b3 防守 g8 格；或 3. … e1 后　4. 车×e1　象 d1　5. 王 b6　象 h5　6. 车 e7！　王 b8　7. 车 g7，白方胜定。

4. 车 g5　d5　5. 王 b6！

"几微要妙，临时从宜。"将杀的威胁转向底线。

5. … d4

如 5. … 马 g6，白方应以 6. 车×g6　d4　7. 车 d6 胜。

6. 王 c7！

第 5 横排恢复通畅，攻击点又回到 a5 格，黑方再也无法抵御。

6. … 王 a7　7. 车 a5#

第 42 局

帕·本科，2000 年

白先胜

作者是国际特级大师，生于匈牙利，现居住美国，曾获美国公开赛冠军。他也是著名的排局家和残局理论家，兼有排局特级大师称号。这是他 72 岁时创作的获奖作品。

双方的王都暴露在外，而强子具有极大杀伤力。在此类局势，构杀是首要目的，主动权高于一切。

1. 车 g5+ 王 f8

另一变化是 1. … 王 h8　2. 后 h1+ 车 h7　3. 后 a1！车 g7　4. 车 h5+ 王 g8　5. 后 a8+ 王 f7　6. 车 f5+ 王 e7（6. … 王 g6　7. 后 e8+ 王 h7　8. 车 h5#）7. 后 f8+ 王 d7　8. 后×g7+ 王 c8　9. 车 f8#。

2. 后 b4+！

正确的选择。若 2. 后 f2+？车 f7　3. 后 c5+ 车 e7+　4. 王 f6 后 h7，黑方脱离险境，反占主动。

2. … 车 e7+　3. 王 f6 后 e4

由于白后在 b4，这里 3. … 后 h7 行不通，因有 4. 车 g8+！后×g8　5. 后×e7#，或 4. … 王×g8　5. 后 b8+ 车 e8　6. 后×e8#。

4. 车 h5！

第一位世界冠军威·斯坦尼茨曾指出，在主动进攻时通常应避免兑换主力，不削弱攻击势头。4. 后×e4 只是和棋，而现在伏 5. 车 h8#。

4. … 后 f3+　5. 车 f5 后 e4

白方借垫将调车至 f5 是有利的。但接走 6. 王 g6+过急，经 6. … 王 e8　7. 后 b8+ 王 d7　8. d×c6+ 王×c6，白车被牵制，白方缺少后继手段。

6. 后 b8+！车 e8　7. 后 c7 车 e7

若 7. … 后 e7+，白方应以 8. 王 g6+！王 g8　9. 车 e5!! 后×c7（9. … 后×e5　10. 后 f7+ 王 h8　11. 后 h7#）10. 车×e8#。

8. 后 c8+！

切不可 8. 王 g6+?? 因 8. … 后×f5+　9. 王×f5 车×c7，黑胜。在这个排局中，双方始终短兵相接，尖锐复杂动人心魄，不容有一丝松懈。

8. … 车 e8　9. 王 g6+

现在白王为后腾空 h4—d8 斜线，秩序井然。

9. … 王 g8　10. 后 c7！车 e7

或 10. … 后 e7　11. 车 e5!!。

11. 后 d8+ 车 e8　12. 后 h4！

白后由 e1 辗转、迂回到王翼，已可沿 h 线入侵，白方胜利在望。

12. … 后 e7

如 12. … 车 e7，则 13. 后 f6 构杀。

13. 车 f8+!!

完美的结局：13. … 后×f8　14. 后 h7#；13. … 王×f8　14. 后 h8#。

13. … 车×f8　14. 后×e7

绝杀无解。

第二节　子力优势

在这类排局中，白方经过战斗可取得或保持足以制胜的子力优势，内容丰富，形式多样，具有实用和审美价值。

举一短小作品为例：

季·戈尔吉耶夫，1928 年

白先胜

1. 车 h8+ 王 c7　2. 象 d8+ 王 c6　3. 象 b6 王×b6　4. 车 c8! 车 a8
5. 车×a8

黑方逼走损着，白方多子胜定。

第43局

伊·卡什丹、伊·霍罗威茨，1928 年

两位美国棋手的共同创作，前者是国际特级大师、记者，后者是国际大师、编辑，二人皆获得过美国公开赛冠军。

白先胜

超小型排局。白方多一马，但白王远离战区，白 b2 兵若丢失或被兑掉即成和棋。为取胜，白马和兵必须巧妙配合。

1. 马 b3！

白王鞭长莫及。经 1. 王 e7 王 b4！ 2. 王 d6 a5 3. 王 d5 a4 4. 马 b1 王 b3，白兵丢失。

1. … 王 b4 2. 马 a1！

世界冠军卡帕布兰卡在他的教科书中再三强调，"要使己方子力协同行动"。白马和兵以互补形式建立起封锁线，阻止黑王快速逼近，奠定胜局。但 2. 马 c1 是错棋，使白方以后失去对 a3 格的控制，黑可 2. … a5 3. 王 e7 a4 4. 王 d6 a3 求和。

2. … a5

另一变化是 2. … 王 c4 3. 王 e7 王 d3 4. 王 d6 王 d2 5. 王 c5 王 c1 (5. … a5 6. 王 b5 王 c1 7. b3) 6. b4 王 b2 7. 王 b6 王 c3 8. 马 c2！胜。

3. 王 e7 a4 4. 王 d6 a3 5. 马 c2+

战术显示作用。

5. … 王 b3 6. b×a3！

马和兵又以互保的形式协同行动，马直接保兵，兵间接保马 (6. … 王×c2 7. a4)，白方胜定。

第 44 局

尼·格里戈里耶夫

白先胜

作者是俄罗斯国际象棋大师、著名残局理论家和排局家，1938 年英年早逝。

小型排局。白方消灭黑兵并保护住 e4 兵才能取胜，技术要点是在关键时刻运用象走等着，使对方陷于困境，被逼走不利的着法。这在象类残局中是典型的。

1. 王 e2　王 g2

白方首先指向 c2 兵，黑方反击 e4 兵。

2. 王 d3！

若 2. 王 d2　王 f3　3. 王 d3　h5，正如黑方所愿。

2. …　王 f3　3. 象 h6！　c1 后

黑方被迫弃兵，战斗重心移向王翼。

4. 象×c1　h5　5. 象 g5　王 g4　6. 象 f6　王 f4

这时象 f6 与王 f4 形成适应关系。黑方在此先走不利，将会丢失一个兵；白方先走，象不能再同时监控两个黑兵。就是说，这是双方先行逼走损着的局面，白方必须转让先行权才可取胜。

7. 象 e7　王 f3

或 7. …　王 g4　8. 王 c4！　王 f3　9. 王 d5　王 f4　10. 象 f6。

8. 象 d8！　王 f4　9. 象 f6

对 f6 而言，白象有两格走等着，而黑王至 f4 只有 f3 一格，因此白方达到目的，胜局已定。

第 45 局

瓦、米·普拉托夫，1909 年

白先胜

作者是兄弟二人，生于拉脱维亚，后移居莫斯科。

与一些排局相同，这里战斗也围绕通路兵进行。

1. 象 f6 d4　2. 马 e2!

按常态思维，许多人会选择 2. 马 f3，准备以两个弱子兑换即将出现的黑后，经 2. … a1 后　3. 象×d4+ 后×d4　4. 马×d4 王×d4，转入白优的兵类残局。但演化下去，白方不能取胜：5. 王 g4 王×d3　6. 王 g5 王 e4　7. 王 h6 王 f5　8. 王×h7 王 f6!　9. h6 王 f7，或 5. 王 f4 王×d3　6. 王 f5 王 d4　7. 王 f6 王 d5　8. 王 g7 王 e6　9. 王×h7 王 f7　10. h6 王 f8。注意边兵的特点。

马至 e2，使白方获得更多机会。

2. … a1 后　3. 马 c1!!

如前所述，3. 象×d4+ 只是和棋。而此时出现 4. 象 g5#的威胁，黑方无法满意化解，例如 3. … 后×c1　4. 象 g5+，或 3. … 王 d2　4. 马 b3+。在 3. … h6 时，白方接走 4. 象 e5，仍伏 5. 象 f4#。

3. … 后 a5　4. 象×d4+!　王×d4　5. 马 b3+ 王 d3　6. 马×a5

白方以战术组合保持子力优势，足以制胜。

1910 年，革命领袖列宁在给弟弟的家信中赞扬了这个排局。

当时的世界冠军埃·拉斯克也指出："每位棋手都必定由这个排局获得极大愉快。为什么？是因为严格恪守了取胜手段的精炼？因为黑子行动自由竭力进行了抵抗，却如同遭遇到某种魔法，最终成为白方弱子的牺牲品，还是由于白方刻意避免和棋而作出的追求？都可能。但实质上使我们感到愉悦的，是思维的力量在此战胜了平凡的想法。"

世界冠军所指的"魔法"，当然不是虚幻的，而是一方子力的高度协调。这出于排局家的想象和创造。

第 46 局

弗·西姆霍维奇，1940 年

白先胜

作者是俄罗斯排局家、化学工程师。

超小型排局。黑王行动受限制，白方首先避免逼和。黑兵升变之后，白方运用控制手段取胜。

1. 象 a3！

在 1. 象 d2 或 1. 象 e1 d2 2. 象×d2 时，黑方无子可动成和棋。

1. … d2 2. 马 e4！d1 马！

若 2. … d1 后，白方接走 3. 马 c3+击双。战术和弱升变总能带给爱好者快乐。

3. 象 c5

黑马在盘边只有 4 格可走，白子已将它完全控制住。

3. … 王 b5 4. 王 b3 王 c6 5. 象 g1 王 d5 6. 马 d2

白马和象协同构筑封锁线，黑王被隔离在第 4 横排以外，来不及救助黑马。

6. … 王 e5 7. 王 c2

白方胜定。

第47局

弗·布隆，1948年

白先胜

乌克兰排局国际特级大师、科学技术博士的创作。

小型排局，双方兵力相当，但黑子被困在盘角，空间过于局促，成为失败的症结。白方应逐渐加强对黑子的控制，克服技术上的困难，直至形成黑方逼走损着的局面。

1. 王 f7！

防止黑王出逃。错棋是 1. 王 f8？马 h6，白方只得撤除封锁。

1. … 马 h6+

若 1. … h6　2. 马 c4，以下同主变。

2. 王 f8　马 g8　3. 马 g4　h6

如 3. … 马 h6，白方接走 4. 马 e5！（吃马成逼和）4. …马 f5　5. 马 f7#。

4. 王 f7　王 h7

似乎结局临近，实际上还遥远。白马与黑王在同色格，轮白方走棋，经 5. 马 e5　王 h8　6. 马 g6+　王 h7　7. 马 f8+　王 h8，无法彻底限制黑王行动，而马在性能上不能运用等着将先行权转让给对方。为取胜，白马先要调至 e8 代替白王监控黑子，由白王以等着让出先行权。

5. 马 e3　王 h8　6. 马 c4！

若 6. 马 f5 是空着，因白方以后进行不了王 f7—e6—e5—f5 的机动，白马仍需调离 f5 格。

6. … 王 h7　7. 马 d6　王 h8　8. 马 e8　王 h7

白马与黑王又在同色格，但9. 马c7 王h8　10. 马e6 王h7　11. 马f8+仍不能胜。假设轮黑方走棋就不同了，经9. … 王h8　10. 马c7 王h7　11. 马e6 王h8　12. 马f8，已无12. … 王h7 的应着，只得送吃黑马。因此，白王开始利用等着转送先行权。

9. 王e6! 王h8　10. 王d6! 王h7　11. 王d7! 王h8　12. 王e6 王h7

13. 王f7

回到第8回合后的局势，轮黑方走棋。

13. … 王h8　14. 马c7! 王h7　15. 马e6 王h8　16. 马f8 马f6　17. 王×f6

"看似寻常最奇崛，成如容易却艰辛。"

第48局

亚·卡赞采夫，1950 年

白先胜

作者是俄罗斯著名排局家和科幻作家。

异格象残局的和棋概率很高。优势方取胜主要有两种情况：形成相连的通路兵未被封锁，或两个通路兵间距较远。本例表明，王的位置主动时，边线叠兵也可以取胜。

1. 象h8!

打破常规的好棋。黑象进入角格，为白王腾空道路，白王必须抢先到达g7 格。1. 象a3? 象×d3　2. 王b2 象e4　3. 王c3 e5!　4. 王c4 王b7 5. 王c5 王c7，成和棋。

1. … 王b7

现在1. … 象×d3　2. 王b2 象e4　3. 王c3 e5　4. 象×e5 王b7　5. 王d4

象 c2　6. 象 g3　王 c6　7. 王 e5，白方也胜。

　　2. 王 b2　象×d3　3. 王 c3　象 f5　4. 王 d4　王 c6　5. 王 e5　王 d7　6. 王 f6
王 e8　7. 王 g7

　　白王领先一步。以下，需调象拦阻黑兵。

　　7. …　e5　8. h6　e4　9. h7　e3　10. 王 h6　e2　11. 象 c3

　　又是一步之差。

　　11. …　象×h7　12. 王×h7

　　胜局已定，因白象可控制 h8 格。

第 49 局

里·列蒂，1922 年

白先胜

　　作者是捷克国际特级大师、享有世界声誉的棋弈理论家和排局家。

　　小型排局。这里展现残局中马优于象的场景。

1. 马 d4+!

　　白马进入中心，显出八面威风，灵活地兼顾两翼，既可帮助 a 兵，又能限制黑子行动。若 1. 王×h2? 王 b5 是和棋。

　　1. …　王 c5

　　另一变化是 1. …　王 b7　2. 王×h2　王 a6　3. 马 b3　象 f4+　4. 王 h3　王 b5
5. 王 g4　象 b8　6. f4　王 b4　7. f5!　王×b3　8. f6，黑象孤掌难鸣，无力拦阻白方双兵。

　　2. 王 h1!!

　　匠心独运。这时 2. 马 b3+　王 b5　3. 王×h2　象 f4+　4. 王 h3　象 b8

5. 王 g4 王 b4 6. f4 王×b3 7. f5 王 b4 8. a6 王 b5 9. f6 王×a6 10. f7 象 d6，或 2. 王×h2 象 f4+ 3. 王 h3 王×d4 4. a6 象 b8，皆成和局。

白方意外地拒吃黑兵，使黑方陷于困境。2. ··· 王×d4 3. a6，白兵必将升变。黑象有 7 个空格，却无处安身，e3 格受白兵监视，到其他格位会遭受白马的战术打击。丰富的想象！

2. ··· 象 f4 3. 马 e6+ 王 b5 4. 马×f4 王×a5 5. 王×h2

黑方甘拜下风。

第 50 局

托·道森，1925 年

白先胜

作者是英国著名排局家，长时间担任英国排局爱好者协会主席。

与上例相反，这里展示的是残局中象优于马的场景。

1. f7！

刻不容缓。如 1. 王 f2？黑方不会 1. ··· 马 a3 2. f7 王 g7 3. 象 e7 王×f7 4. 象×a3，及 1. ··· 马 c3 2. f7 王 g7 3. 象 f6+！王×f7 4. 象×c3，而是简单应以 1. ··· 王 g6！。

1. ··· 王 g7 2. 象 e7

弃兵赢得时间。

2. ··· 王×f7 3. 象 b4！

黑马束手待擒。德国特级大师西·塔拉什对棋弈理论的创建和普及作出重大贡献，早就指出"马位于盘边常有损于声誉"，大多数场合确是如此。不过，他也毫不教条地推荐"双马防御"中黑马暂时进入盘边的变例（1. e4 e5

2. 马 f3 马 c6 3. 象 c4 马 f6 4. 马 g5 d5 5. e×d5 马 a5），因为那与整体反击计划相关联。

　　3. … e5 4. 王 f2 王 e6 5. 王 e2 王 d5 6. 王 d1 王 d4 7. 王 c2 e4
8. 王×b1

下面只是时间问题了。

　　8. … 王 d3 9. 王 c1 e3 10. 王 d1 e2+ 11. 王 c1! 王 e3 12. 象 e1

以下从略。

第 51 局
阿·阿克尔鲁，1963 年

白先胜

作者是瑞典排局家的作品，在国际棋联排局委员会倡议举办的一次国际比赛中荣获第 1 名。

黑马在盘边也是致败的根源。

1. 王 g3 王 g6

若 1. … 马 g6 2. 象 d3+，白方速胜。

2. 马 f8+ 王 h5

或 2. … 王 g5 3. 马 e6+ 王 h5 4. 象 e2+。

3. 象 e2+ 王 g5 4. 马 e6+ 王 f5 5. 马 f4!

白马调到主动位置，准备 5. … 马 g6 6. 象 d3+击双。

5. … 王 e4 6. 王 g4! 王 e3

如 6. … 马 f5，白方仍 7. 象 d3+ 击双。

7. 象 d1 f5+

在 7. … 王 e4 时，接走 8. 象 a4 f5+　9. 王 g3 马 f3　10. 象 c6+击双。

8. 王 g3 王 d2　9. 象 a4 王 e3　10. 象 c6

黑马必将丢失。

第 52 局

萨·伊泽涅格尔，1959 年

白先胜

作者是瑞士国际象棋大师、著名排局家的作品。

白方子力占优，但 f4 兵若被兑掉即成和棋。对此，似乎白方已无法阻止。

1. 马 d7！

好像是无奈的试探，实际上寓有深意。

1. … 象 b5

白马被牵制，不能脱身。

2. 王 d8！

使象进入 h2 —b8 斜线是取胜的关键。

2. … 象×d7

箭在弦上，势在必发。否则白象保住 f4 兵，白王与马合作可逐步消灭 e6 兵和 f5 兵。

3. 象 c7+ 王 c6　4. 象 e5！

白方先弃后取，黑象将要丢失。构思轻巧。

第 53 局

阿·雅诺夫奇克，1934 年

作者是罗马尼亚国际象棋大师、排局国际裁判。

白方虽多子，看起来形势危急。但白子迅速集结，局面顿时改观。

1. 象 e6+ 王 e5

若 1. … 王 e4，则 2. 马 d6+ 王 e5 3. 马 c4+抽吃 b2 兵。

2. 马 b6! b1 后

改走 2. … 象 c1，白方应以 3. 马 c4+ 王 e4 4. 马 f6+ 王 f4 5. 马×b2 象×b2 6. d6 象 a3 (6. … 象×c3 7. 马 d5+) 7. d7 象 e7 8. 马 d5+。而2. … 王 e4 3. 马 c4 b1 后 4. 马 d6+同主变。

3. 马 c4+ 王 e4 4. 马 d6+!

白马这时不敢进入 d2 格，需先去消灭 g5 象。

4. … 王 e5 5. 马 f7+ 王 e4 6. 马×g5+ 王 e5 7. 马 f7+

"春风得意马蹄疾"。白马急忙赶回 c4 格。

7. … 王 e4 8. 马 d6+ 王 e5 9. 马 c4+ 王 e4 10. 马 d2+ 王 e5

11. 马×b1

黑子损失殆尽。

第 54 局

谢·卡米纳，1935 年

作者是俄罗斯排局家。

白方 h6 兵将要升变，但白王位置欠佳，黑方双象可形成反击，新出现的白后虽最终要丢失，仍给白方换到制胜的子力优势。

1. h7 象 h5！　2. 马 f4！

如急于 2. h8 后？经 2. … 象×g6+　3. 王 a1 象 e7！再 4. … 象 f6，黑方大优。现在，白方弃马引离 g5 黑兵，为以后的战术组合创造条件。黑方 2. … 王 g7 拒吃，白方 3. 马×h5+ 得子也胜。

2. … g×f4　3. h8 后 象 g6+　4. 王 a1 象 e7！

强劲的反击，似乎白方已处于劣势，但……

5. 马 f3！象 f6+　6. 马 e5+！

白马及时投入战斗。

6. … 王 e7　7. 后 h4！！

第 2 回合弃马的功效显现。黑方只得吃后，若 7. … 象 f5，则 8. 后×f4 王 d6 9. 后 d4+。

7. … 象×h4　8. 马×g6+ 王 f6　9. 马×h4

白方多子胜定。

第 55 局

季·戈尔吉耶夫，1928 年

作者是俄罗斯著名排局家和医学博士。

白方子力占优，但双马受攻，失去其中之一即是和棋，只有借助战术组合才能保持子力优势。

1. 象 f4！

错棋是 1. 马×h5+？王 g6。1. 象 f6+也不好，因 1. … 王 g8　2. 象 e5 象×e5　3. 马×e5 h4！　4. 马 e2 象 e4+，再 5. … 象×a8。

1. …　象×f4

或 1. … 象 a4+　2. 王 c5 象 a7+（2. … 象×f4　3. 马×h5+ 王 g6　4. 马×f4+ 王 g5　5. 马 d5！同主变）3. 王 b4，白方保持多两子的优势。

2. 马×h5+　王 g6　3. 马×f4　王 g5

若 3. … 王 f5，则 4. 马 e3+击双。

4. 马 d5！

防 4. … 象 e4+，并准备 4. … 王×g5　5. 马 e3+。

4. …　象 a4+　5. 王 c5　王×g4　6. 王 b4！

黑象仍难逃罗网，至 c2、d1 以及 d7、e8，皆要被白马利用击双吃掉。

第 56 局

列·库贝尔，1911 年

作者是拉脱维亚著名排局家。

双方子力绝对价值相当，但黑车位置消极，造成输棋的后果。另一方面，也显示出马的战术打击能力。

1. d7

引黑王接近白马，为战术组合创造条件。

1. … 王 e7　2. 王 g1！

当然不应走 2. 王 g3？车 h1，黑车冲出牢笼。

2. … 车 h4　3. g3！车 g4

盘上空间如此开阔，黑车意外地找不到安全的立足之地。如走 3. … 车 a4 及 3. … 车 e4，白方续以 4. 马 b7！王×d7　5. 马 c5+击双；若 3. … 车 b4 及 3. … 车 d4，白方直接 4. 马 c6+击双。

4. 马 c6+　王×d7　5. 马 e5+　王 d6　6. 马×g4　h×g4　7. 王 f2

白方胜定。

第 57 局

奥·杰列尔，1909 年

白先胜

作者是德国早期排局家。

这是属于实用残局类型的排局，具有理论意义，举一例作为代表。

1. 车 d7！

取胜的关键。在单车对单象的无兵局势中，弱方的王进入与象颜色相反的角格，得到象的掩护是安全的。现在黑王到位，黑象走上 h2—b8 斜线即是和棋，因此 1. 车 b3？象 d6 等为渊驱鱼，例如 2. 车 d3 象 h2 3. 车 d8+ 象 b8 4. 王 b6 成逼和，或 3. 王 b6 象 g1+。

1. … 王 b8 2. 王 b6 王 c8 3. 车 d3！

趁黑王脱离安全格展开攻击。若 3. 王 c6 王 b8，黑王又奔向角格。

3. … 象 e7

黑子已来不及协调，例如 3. … 象 c1 4. 车 c3+；3. … 象 b2 4. 王 c6 象 f6（4. … 王 b8 5. 车 b3+）5. 车 f3 象 e7 6. 车 g3！王 b8（6. … 象 d8 7. 车 g8，或 6. … 王 d8 7. 车 g8+）7. 车 g8+ 王 a7 8. 车 g7；3. … 象 b4 4. 王 c6 象 a5 5. 车 a3 象 c7 6. 车 a8+ 象 b8 7. 王 b6，等等。

4. 王 c6 王 b8

若 4. … 象 d8，则 5. 车 g3 王 b8 6. 车 g8 王 c8 7. 车 e8。

5. 车 b3+ 王 a8

或 5. … 王 a7 6. 车 b7+。

6. 王 c7！象 c5 7. 车 b8+！

重要的过渡。

7.··· 王 a7   8. 车 b5

黑象终被擒获。

第 58 局

安·林克，1923 年

白先胜

作者是法国排局艺术大师。

这里，白方必须快速吃掉一个黑马才能取胜；若黑双马至中心产生联系即成和棋。捕获黑马的过程，需先控制它们的行动，再运用击双的战术手段，当然控制的下法早已为人们采纳，而安·林克首先将其作为术语引入排局创作。

1. 车 f1 ！

白车直接攻击黑马达不到目的，反而使它们改善处境。例如 1. 车 h1 马 f4 2. 车 g1 马 f6 3. 车 f1 马 6d5，或 1. 车 d3 马 f4 2. 车 d4 马 g6 3. 车 g4 马 8e7 等。

1. ··· 马 e7

防 2. 车 f3 马 g5（2. ··· 马 g1 3. 车 g3） 3. 车 f5+。

2. 车 f3 马 g5

另一变化是 2. ··· 马 g1 3. 车 g3 马 e2 4. 车 e3。

3. 车 g3 ！

黑马必失其一。g5 马逃至 e 线，接走 4. 车 e3；退到第 7 横排，应以 4. 车 g7。

白方必胜。

第 59 局

因·弗里茨，1950 年

白先胜

作者是捷克排局国际特级大师，享有很高声誉。

与上例一样，白方为取胜，至少也要吃掉一个黑子，这似乎不难做到，因为黑子看起来位置欠佳。但这里黑方的马和象具有战术反击能力，白方的想象力需更丰富。

1. 车 a1！

产生 2. 车 h1+构杀及 2. 车 c1 击双的威胁。切不可粗心走 1. b4?，因 1. …象 e6+再 2. … 象×a2。

1. … 象 b7

最顽强的抵抗。1. … 象 e6+　2. 王 f6 伏 3. 车 a7 或 1. …王 h6，2. 车 h1+王 g5　3. 车 c1！马 b5　4. 车 c5+，白方得子胜。

2. 车 a7　马 b5

黑方希望用战术组合摆脱困境。接下来，在 3. 车 a5 时可应以 3. … 象 d5+　4. 王 f6 象 c4。然而……

3. 车×b7！马 d6+　4. 王 e7！马×b7　5. b4！王 g6　6. 王 d7　王 f6　7. 王 c7

黑马被擒，下略。

第 60 局

尼·罗索利莫，1927 年

白先胜

作者是美国国际特级大师，也从事排局创作。

车兵残局看来是简单的和棋。实际上，白方在此有利用战术取胜的机会，因白兵毕竟可抵达第 7 横排，黑王位置不利。

1. h7 车 h6 2. 王 b5！

伏 3. 车 a8+再 4. h8 后。黑王为躲避照将，以后只得跟随白王移向王翼。

2. … 王 b3 3. 王 c5 王 c3 4. 王 d5 王 d3 5. 王 e5 王 e3 6. 王 f5 王 f3 7. 车 f8！

时机成熟，白车埋伏在王的后面，准备进行闪击。若 7. 王 g5? 王 g3 是和棋。

7. … 车×h7

无可奈何。

8. 王 g6+！ 王 g3 9. 王×h7 g5 10. 王 g6

胜局已定。

第 61 局
弗·别涅什、伊·乌尔曼，1924 年

白先胜

作者是两位奥地利排局家。

双方有前突的通路兵，白子位置较为主动，利用先行权可以取胜。

1. 王 f3！

白王迅速逼近黑兵，在 1. … 王 g6 时，接走 2. 王 g2 车 h8　3. 王 h1
（3. a8 后？ h1 后+）3. … 车 a8　4. 王×h2，白方胜定。

1. … 王 f6

阻止白王进入 g 线。若是 1. … 王 h7　2. 车 h1 车 a8　3. 车×h2+ 王 g6
4. 车 a2，或者 1. … 王 f7　2. 车 h1 车 a8　3. 车×h2 王 g6（3. … 车×a7
4. 车 h7+）4. 车 a2 黑方也输。在车兵残局，车置于通路兵的后方通常是有
利的。

2. 车 a6+ 王 f7

黑王至 g 线，白方即退王 g2，例如 2. … 王 g5　3. 王 g2 王 f4+　4. 王×h2
车 a8　5. d5 王 e5　6. d6 等。

3. 车 h6 车 a8　4. 车×h2 王 e6　5. 车 a2 王 d5　6. 车 a4

白子的子力及局面优势足以制胜。

第 62 局

特·科克，1936 年

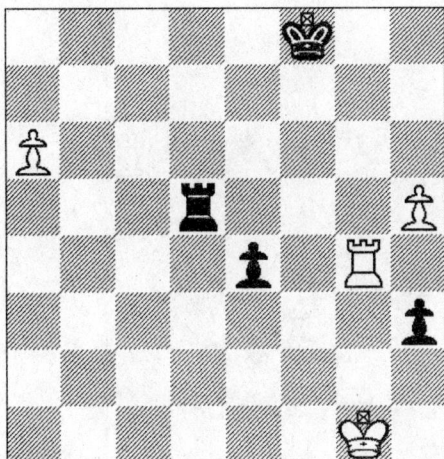

白先胜

作者是荷兰排局家。

双方子力相当，白方局势占优，最终以典型的战术组合获胜。

1. h6!

缓着是 1. 车×e4？因 1. … 车 a5！ 2. 车 e6 车×h5，成为和棋。

1. … h2+ 2. 王 h1!

白方暂时拒吃弃兵。如果 2. 王×h2 车 h5+，恰如黑方所愿。

2. … 车 d1+

或者是 2. … 车 d7 3. 车 g7！e3！（3. … 车 d1+ 4. 王×h2 车 d6 5. a7 车×h6+ 6. 王 g3 车 a6 7. 车 b7）4. a7 车 d1+ 5. 王×h2 车 a1 6. 车 b7 e2 7. a8 后+ 车×a8 8. h7，下一步杀。

3. 王×h2 车 d6 4. a7 车×h6+ 5. 车 h4!

取胜的关键。在 5. … 车×h4+时，接走 6. 王 g3，黑车回不到 a 线。

5. … 车 a6 6. a8 后+! 车×a8 7. 车 h8+

白方胜定。

第 63 局

瓦·普拉托夫、米·普拉托夫，1924 年

白先胜

两位作者前文已介绍过。兄长瓦·普拉托夫是一位主治医生，知名度更大。

白方多兵，子的位置也好，虽然黑 a3 兵得到黑车有力支持，白方精确行动仍有巧胜机会。

1. 车 d8+

白方先使车进入第 7 横排，以进兵 e7。

这里 1. 车 g2+ 王 h8　2. 王 f5 a2　3. e7 车 a8　4. 车×a2 白方速胜，但黑方应以 1. … 王 h7! 可以守和。

1. … 王 h7　2. 车 d7+ 王×h6

改走 2. … 王 g6 也输，因 3. e7 车 e6+（3. … 车 a8　4. 车 d8；3. … 王 f7　4. h7 车 h6　5. 车 d8）4. 王 d5 车×e3　5. h7 王×h7　6. e8 后+。

3. e7 车 e6+　4. 王 f5!

如 4. 王 f4? 保兵，经 4. … a2　5. 车 a7 车×e7!　6. 车×a2 王 g6，成理论和棋。

4. … 车×e3　5. 车 d3!!

英国一位名作家认为，"想象力是由耐心的观察所组成的"。从另一个角度看，棋弈也是如此。仔细察看盘上的形势，会发现其他走法皆不能胜：5. 车 d6+ 王 g7　6. 车 e6 车×e6　7. 王×e6 a2；5. 车 a7 a2!　6. 王 f6（6. 车×a2 车×e7　7. 王 f6；但黑方应以 6. … 王 g7! 成和）6. … 车 f3+　7. 王 e6 车 e3+　8. 王 f7 车 f3+　9. 王 e8 车 f2；5. 王 f6 车 f3+　6. 王 e6 车 e3+　7. 王 f7 车 f3+

8. 王 e8　a2　9. 车 d1　车 d3！　　10. 车 h1+　王 g7　11. 车 g1+　王 h6，等等。

同样，发现盘上子力结构的重要特点，是白方想出妙着的基础。引发想象力的核心，在于双方王的相对位置：经 5. … 车×e7　6. 王 f6，伏 7. 车 h3#的威胁，黑车要丢失。

5. … 车 e1

另外的变化是 5. … 车 e2（5. … 车×d3　6. e8 后　车 f3+　7. 王 e4）6. 王 f6（6. 车 d2？　车×d2　7. e8 后　车 f2+！　8. 王 g4　a2 巧和）6. … 车 f2+　7. 王 e6　车 e2+　8. 王 d7　a2　9. 车 d1　车 d2+　10. 车×d2　a1 后　11. 车 d6+！（白子建立紧密联系）11. … 王 g7　12. e8 后　后 a7+　13. 王 d8　后 a8　14. 王 e7　后 e4+　15. 车 e6　后 b4+　16. 王 d7　后 b7+　17. 王 d6　后 b4+　18. 王 c7，黑方无法长将求和。

6. 车 d1！

再次利用引离，以把黑车从第 1 横排驱走。若急于 6. 王 f6，则 6. … 车 f1+　7. 王 e6　a2；6. 车×a3　王 g7！的走法，前面已指出。

6. … 车×e7

经 6. … 车 e2　7. 王 f6　车 f2+　8. 王 e6　车 e2+　9. 王 d7，白方胜定。于是，黑方决定试探白方应手。

7. 王 f6！　王 h5　8. 王×e7

战斗结束。车类残局构思精细。

第 64 局

列·托普切夫，1927 年

白先胜

作者是 20 世纪初俄罗斯的一位 20 岁的大学生。

似乎白方可利用击双,轻易取胜,实际上并非如此。首先,白方应避免逼和,同时需迅速集结兵力追捕黑王,待黑方解杀,借机吃掉黑车。

1. 车 h8+ 王 d7 2. 车 h7+ 王 d6! 3. 马 f7+!

不可随手走 3. 车×a7,只是和棋。或 3. 马 b7+也不好,因 3. … 王 c6 4. 马 d8+ 王 b6,黑王安全逃逸。

3. … 王 c6

黑王向黑车靠拢。若 3. … 王 e6,则 4. 马 g5+闪击。

4. 马 e5+ 王 b6 5. 马 c4+ 王 a6 6. 车 h6+ 王 b5

或 6. … 王 b7 7. 马 d6+ 王 b8(7. … 王 a8 8. 车 h8#;7. … 王 c6 8. 马 c8+)8. 车 h8+ 王 c7 9. 马 b5+黑车被歼。

7. 车 b6+ 王 a4 8. 王 c3!

伏 9 车 b4#。

8. … 车 b7

最后的希望。

9. 马 b2+! 王 a3 10. 车×b7

黑王仍有 a2 格可走,白胜。

第 65 局
拉·普罗克什,1948 年

白先胜

作者是捷克著名排局家、国际象棋大师、教授。

黑车于 d 线击双,希望吃得 d2 兵求和。白方机敏地运用战术组合取胜。

1. 车 e5!

错着是 1. 车 d4?，因 1. … c6，白马被牵不能走动。

1. … c6

势在必行，不然白方应以 2. 王 c2 保住 d 兵。这时，似乎黑方达到目的，但战术打击接踵而至。

2. 车 e8+　王 a7　3. 车 a8+!

强行将黑王引入不利位置。

3. … 王×a8　4. 马 b6+

再进行击双吃回黑车，白多子胜定。

第 66 局

沙·科兹洛夫斯基，1931 年

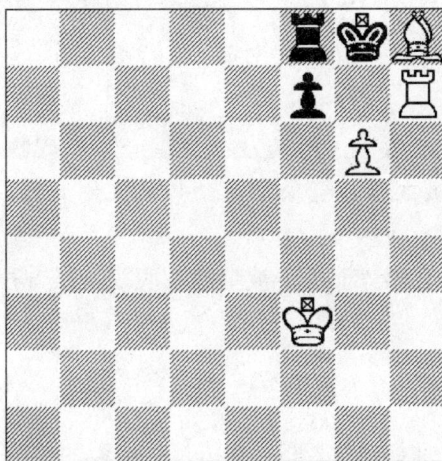

白先胜

作者是波兰著名排局家。

白方有子力优势，但 g6 兵被兑换即是和棋，例如 1. 象 f6　f×g6　2. 车 g7+　王 h8　3. 车 f7+　王 g8 等。若以 1. g7 避兑，黑方当然不会走 1. … 王×h7？2. g×f8 后，而是 1. … 车 a8，白车只好后撤，结果白象被白兵封闭在角格，也成和棋。

再深入观察，可能产生一个想法：如果 h8 是空格……

1. 车 g7+!　王×h8　2. 车 h7+　王 g8

与起始的局面相比，h8 象消失了。

3. g7!　车 a8

如前所述，黑王不能吃白车。

4. 车 h8+　王×g7　5. 车×a8

开拓思路，白方胜定。

第 67 局

约·哈谢克，1937 年

白先胜

作者是捷克国际象棋大师、气象学家，4 岁学会下棋，中年开始创作排局。

单看子力对比是和棋，形势上黑子被牵制在底线，黑方存在输棋的危险。当然，立刻 1. 象 b5+ 王 d8　2. 车 a8+ 王 e7，或 1. 王 c5 f5！　2. 王 d6 车 f6+，黑方得到解脱。白方应如何入手？

1. 象 f5！！

不经过以上分析，很难想到这着棋。白方抓住取胜的关键——不能让黑兵 f 推进两格。

1. … g×f5

若 1. … f6 拒吃弃子，白方接走 2. 象×g6+ 王 d8　3. 象 f7！（控制。在 3. … 王 c8 或 3. … 车 h8 时，应以 4. 车 a8+）3. … f5　4. 王 c5 f4　5. 王 d6 胜。

2. 王 c5 f6

黑车已得不到 f6 格。

3. 王 d6 车 g8

或 3. … 车 f7　4. 车 a8#。

4. 王 e6 王 f8　5. 王×f6 王 e8　6. 车 a8+ 王 d7　7. 车×g8

妙着来自推理。

第 68 局

里·比安克季，1925 年

白先胜

作者是意大利排局家，被意大利棋协授予"名誉大师"称号。

无兵的超小型排局。车、象对车和棋概率很高。这里黑王与黑车在同一大斜线上，容易遭受攻击，白方精确行动可以获胜。

1. 象 b2!

为牵制和闪击创造条件，已产生多方面的威胁。

1. … 车 f8

黑子貌似自由，实则举步维艰。例如，1. … 王 g8　2. 车 g3+！（1. … 王 h7 2. 车 c7+！），或 1. … 车 a6+　2. 车 a3+（1. … 车 f1+　2. 车 c1+）。在 1. … 车 f7 时，接走 2. 车 h3+！王 g8　3. 车 h8#，与此相对应的是 1. … 车 g6 2. 车 c8+！王 h7　3. 车 h8#。1. … 车 h6 的变化见第 4 回合。

2. 车 c7+！

不可 2. 车 h3+？王 g8 使黑王逃脱。

2. … 王 g8　3. 车 g7+ 王 h8

白车逼近黑王，再次形成闪击结构。由于 4. 车 f7+ 王 g8 是空着，白方需将先行权转让给对方，迫使黑车移动。

4. 王 a2!

精细。若 4. 王 b1？经 4. … 车 f1+　5. 王 a2 车 a1+！　6. 王 b3 车 a3+ 7. 王 c2 车 c3+，成为逼和。

我们返回看 1. … 车 h6 的变化，白方正确的走法是 2. 车 g3+！王 h7 3. 车 g7+ 王 h6　4. 王 b1！（4. 王 a2？车 a8+　5. 王 b1 车 a1+等）。

4. … 车 g8

这时 4. … 车 a8＋，白方 5. 车 a7＋，解将还将抽吃黑车。黑车至其他格位，也要遭到闪击。

5. 车 a7＋ 车 g7　6. 象×g7＋!

切不可 6. 车×g7? 致使前功尽弃。

第 69 局

德·彼得罗夫，1955 年

白先胜

白方两个弱子受攻，丢掉其中一个即是和棋。但 1. 马 c4 不成立，因 1. …
王 d3　2. 车 f4 车 g4＋!　3. 车×g4 h×g4，白子仍被击双。

1. 车 e2!

连消带打。白车埋伏在象后面，准备进行闪击。

1. … 车 h1＋

直接 1. … 王×b2，白方应以 2. 象 e3＋。

2. 王 g3 王×b2　3. 象 e1＋!

白方退象控制 h4 格，意在围歼黑车。

3. … 王 c1　4. 王 g2 王 d1

及时反击，似乎和局已定。

5. 车 d2＋!

白方胸有成竹。

5. … 王×e1　6. 车 d4!

车远离黑王，并代替象监控 h4 位。

6. … 车 f1　7. 车 e4+　王 d2　8. 王×f1

丰富的想象。

第 70 局

1928 年的一个实战对局中，形成如图局势。白方多两兵，续以 1. 车 d3 本不难取胜。但他急于求成，径自 1. 车 h1　车×g3　2. 车 h8+　象 e8　3. f5　王 e7 4. f6+　王×f6　5. 象×e8，未料到黑方 5. … 王 g7! 反击，功败垂成，几回合后只得同意和棋。

这引起年方 18 岁的季·戈尔吉耶夫的注意。俄罗斯未来的著名排局家、医学博士，以此为题材创作出一个小型排局，次年发表在棋弈杂志上，获年度竞赛第 2 名。

白先胜

白方为取胜，必须扩大子力优势。

1. 象 f6+ 王 h7　2. 车 g7+ 王 h6

若 2. … 王 h8，接走 3. 车×e7+ 王 g8　4. 车 e8+。

3. 车 f7 王 g6

短兵相接。经 3. … 王 h5　4. 象×e7 王 g6　5. 车 f6+或 3. … 马 c6
4. 象×d8 马×d8　5. 车 d7 马 e6　6. 车 d6，白方速胜。

4. 车 f8 马 c6

黑方启动上述变化中的手法。

5. 象×d8 王 g7　6. 车 e8 王 f7　7. 车 h8 王 g7

细心审视会发现，白车在此有 4 格可走，而非对局中的 3 格。这不大的差异，导致不同的结果。

8. 象 f6+！

最终仍是战术起作用。

8. … 王×f6　9. 车 h6+

硝烟散尽，"山净江空"。

第 71 局

布·西多罗夫，1989 年

白先胜

作者是俄罗斯排局家。

这里通路兵也加剧了局势的紧张程度。1 车 h7+ 王×g4　2. 车×h2 车 g1 只是和棋。而 1. g7? h1 后　2. g8 后 车 d2+，白王处境险恶。因此，白方想到首先针对黑王展开行动。

1. 车 g2！

伏 2. 车 h7#，黑兵一时来不及升变。

1. … 车 b1+

希望 2. 王×b1？h1 后+。黑方欲借助战术手段及长将求和，白王的走向是关键。

2. 王 c3 车 c1+　3. 王 d4！

不能走 3. 王 d2 车 d1+　4. 王 e2 车 e1+　5. 王 f2 车 f1+　6. 王 g3？ 或 3. 王 b4 车 b1+　4. 王 c5 车 c1+　5. 王 b6 车 b1+　6. 王 c7?，因白王自阻车路，黑方已可应以 6. … h1 后。前者白方还能求和，后者白方反而要输。

3. … 车 d1+　4. 王 e5 车 e1+　5. 王 f6 车 f1+　6. 王 g7！

白王终于避开黑车的纠缠，虽然也阻断了 a7 车至 h7 的通道，但打击可灵活转向另一方面。王在 g7 不仅可以藏身，而且保护 g6 兵起到助攻作用。

6. … h1 后　7. 车 aa2！

黑方空有子力优势，面对 8. 车 h2+的威胁无力化解。

7. … 后 h3　8. 车 h2

转入白方胜势的车类残局，下略。

第 72 局

约·哈谢克，1964 年

白先胜

作者是捷克国际象棋大师、排局家。

黑方子力略优，形势上看似未有严重缺陷，实际上 h6 车的位置存在隐患，给予白方可乘之机。

1. f6!

弃兵将另一黑车引入不利位置。

1. …　车×f6

其他变化是 1. … 车 h3　2. 车×g6（2. f7　车×f3　3. f8 后　车×f8+再 4. … 车 c4）2. … 车×f3　3. 象 e7　车 f4　4. 车×g5　车 cc4　5. f7　车×g4　6. 象 f6+！王 b1　7. 车×g4　车×g4+　8. 王 h7，或 1. … 车 c8+　2. 王 f7　车 c3　3. 象 d6　车×f3　4. 车×g6　车 h7+　5. 车 g7　车 h6　6. 象 e5+　王 b1　7. 车×g5，白方胜势。

2. 象 b2+！

弃象赢得时间活跃白车，使之借将军为白王腾空 g7 格。若 2. 车 a7　车×f3　3. 象 f8+　王 b1　4. 象×h6，黑可接走 4. … 车 f4。

2. …　王×b2　3. 车 b7+　王 c3　4. 王 g7！

残局中，王投入战斗，也具有战术打击能力，至此黑车必失其一。

4. …　车×f3　5. 王×h6　车 f4　6. 王×g5

白王及时保住 g4 兵，黑王离主战场较远，车类残局白方胜定。

第73局

阿·曼德列尔、埃·克尼格，1924 年

白先胜

捷克与南斯拉夫两位排局家的共同创作，前者是排局国际大师。

双方子力相当，黑王完全暴露在边线成为失败的症结。

1. f7!

弃兵对黑王欲擒故纵。急于 1. 车 g2　车 h3　2. f7　车 bf3，白方达不到

目的。

1. … 王 g7

现在 1. … 车 f3，则 2. 车 g2，伏 3 车 h1#。

2. f8 后+ 王×f8 3. 车 f1+！

逼黑王回到盘边。在 3. … 王 e7 时，接走 4. 车 fe1！或 3. … 车 f3

4. 车 ef2！。

3. … 王 g7 4. 车 g2+ 王 h6

若 4. … 车 g3，续以 5. 车 fg1！

5. 车 h1+ 车 h3 6. 车 gh2！车 c3+ 7. 王 b4 车 b3+ 8. 王 a4 车×h2

9. 车×h2+ 王 g5 10. 王×b3

自成一格。

第 74 局

瓦·霍尔茨豪森，1903 年

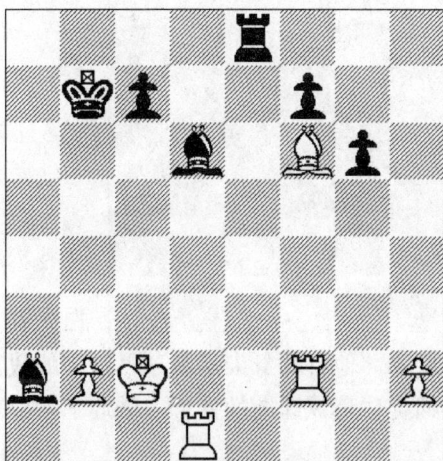

白先胜

作者是德国国际象棋大师、著名排局家。

白方子力略优，尚不足以保证赢棋。当务之急，是利用黑 a2 象位于盘边的处境，设法将其围歼。

1. b3

伏 2. 车 a1 车 a8 3. 王 c3 得子。

1. … 车 e3 2. 象 c3 象 e5！

黑方尽力以战术回击。

3. 象×e5 象×b3+ 4. 王 d2！车×e5

似乎黑方达到目的，实际上白格象仍未脱离险区。白方下一着棋进行牵制，是预先看好的后续手段。

5. 车 b1 车 b5   6. 王 c3 象 a4   7. 车 a1! 象 b3

显然 7. … 车 a5 黑象也要丢失。

8. 车 b2 象 c4   9. 车 ab1!

与上例的手法类似。

9. … 车×b2   10. 车×b2+ 王 c6   11. 王×c4

战斗结束。

第 75 局

伊·阿廖申，1947 年

白先胜

作者是乌克兰青年排局家。他自幼身染疾患，以过人的毅力从事创作。

黑方子力大优。白方捕捉住稍纵即逝的良机，借攻王可以获胜。

1. 马 a6+! 王 a8

若 1. … 王 b7，接走 2. 马 c5+抽后。

2. 象 g2+ 后 b7

黑后已在牢笼之中，但结局尚不明朗，白方需精确行动。

3. 象 d5!

立即 3. 象×b7+ 王×b7   4. 马 c5+ 王 c6   5. 马 e6 王 d6   6. 马 g5 王 e5! 7. 马×h7 王 f5，黑王紧追不舍，伏8. … 王 g4   9. h6 王 h5 成和棋。现在，白象与马建立战术联系，白方可望赢得速度之争。

3. … h6!

如 3. … 后×d5 4. 马 c7+ 王 b7 5. 马×d5 王 c6 6. 马 f6 h6 7. 马 g4，
黑王来不及消灭白兵。

4. 马 b4!

白方也有等着可走。

4. … a5 5. 象×b7+ 王×b7 6. 马 d5 王 c6 7. 马 e7+ 王 d6 8. 马 f5+
王 e5 9. 马×h6 王 f6 10. 马 g4+ 王 g5 11. h6! 王 g6 12. 王 a2

白方胜定。

第 76 局
伯·戈尔维茨、约·克林格，1851 年

白先胜

历史上第一部胜和习题专集，1851 年于伦敦出版，标志着现代排局创作的开端。德国两位排局家合著。前者是名棋手，后者是音乐教授。此例选自本书作者珍藏的该书 1884 年发行的第二版。

表面是黑方明显占优，白马已成囊中之物。但先行权在白方，正是这个马与白车协同行动，发挥出战术上的潜能，使黑后被歼。

1. 车 a4+ 王 e5

不可 1. … 王 c5 2. 车 a5+，抽吃黑后。

2. 车 a5! c5

如 2. … 后×a4 3. 马 c6+，白方速胜。

3. 车×c5!

强行引入黑后。

3. … 后×c5 4. d4+!

再次以引入为击双创作条件。

4. ⋯ 后×d4

或 4. ⋯ 王×d4　5. 马 e6+。

5. 马 c6+　王 d5　6. 马×d4　王×d4　7. 王 f3！

黑方该认输了。

世界冠军埃·拉斯克指出，"除去单个棋子的价值，存在着它们协同行动的价值，这在国际象棋中是很明显的。"当然，对其他棋种也是如此。

第 77 局

安·林克，1903 年

白先胜

作者是法国杰出排局家。

这里与上例相似，白方同样以引入加击双的战术组合擒获黑后，直接参加的子力是车和象。

1. 车 a8！后 a2

后若吃车，白则 2. 象 f3+。其他格位也不能立足：1. ⋯ 后 c4　2. 车 c8+；1. ⋯ 后 e6　2. 车 a6+；1. ⋯ 后 d5　2. 象 f3。

2. 车×a4！

黑方仍不敢吃车，否则 2. 象 e8+。

2. ⋯ 后 g8　3. 车 a8

步步紧逼。

3. ⋯ 后 h7　4. 象 g6！

黑后在死角已无路可逃。

4. ··· 后×g6   5. 车a6+

一气呵成。

第78局

理·列蒂，1928年

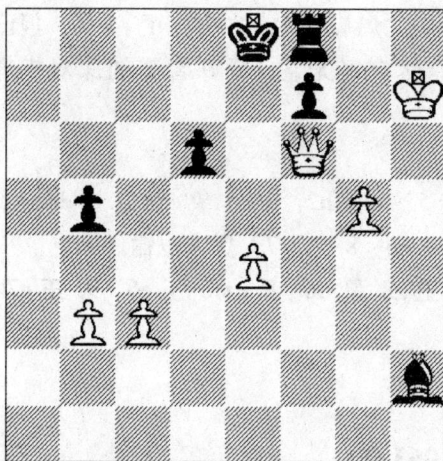

白先胜

此为捷克国际特级大师的又一杰作。

白方子力占优，但白王面对黑象e5再车h8的强劲威胁。如1. 后f1 象e5 2. 后×b5+ 王e7   3. 后b7+ 王e6   4. 后d5+ 王e7，只是和棋。又如1. g6？象e5   2. g×f7+ 车×f7+，黑方反胜。那么，白方会选择什么方法？

1. 王h6 象e5

白方好像走了一步空着，白王来不及逃逸。

2. 王g7！！

这个事先策划好的妙招，大为出人意料。

2. ··· 象h2

原来2. ··· 象×f6   3. g×f6之后，黑方逼走损着，立即输棋。且看以下白方从何入手。

3. c4！

打破僵局的好棋，白方准备冲击d6兵，动摇黑方阵地的基石。

3. ··· b×c4！

如3. ··· b4   4. c5，白方顺利达到目的。

4. e5！

错棋是4. b×c4，因4. ··· 象e5，白方处于先行不利状态，经5. c5 象×f6+

6. g×f6 d×c5，或 5 后×e5+ d×e5 6. c5 王 e7，黑胜。

4. ⋯ 象×e5

若 4. ⋯ d×e5 5. 后 c6+ 王 e7 6. 后 c5+，及 4. ⋯ c×b3 5. e×d6，白方也胜。

5. b×c4

与白方第 4 着棋注释中的局势相比，白方少了 e4 兵，但已轮到黑方走棋。在个别情况下，先行权竟然有害无益，爱好者需加深对棋弈中时间因素的理解。

5. ⋯ 车 h8

黑方逼走损着。改走 5. ⋯ 象 h2 6. c5 象 e5 7. c×d6，或 5. ⋯ 象×f6+ 6. g×f6 王 d7 7. 王×f8 王 e6 8. 王 g7，黑方也输。

6. 王×h8 王 d7 7. 王 g8 象×f6 8. g×f6 王 e6 9. 王 g7

兵类残局白方胜定。

第 79 局

德·彼得罗夫，1963 年

白先胜

作者是俄罗斯排局家。

黑方多一兵，王和后的位置是不利因素。白方可利用击双除掉黑后，但要小心逼和。

1. 车 h7！

将后引入狭窄空间，为有效打击创造条件。若急于 1. 车 d7+，黑方应以 1. ⋯ 王 a8！

1. … 后×h7   2. 车 d7+   王 a8！   3. 王 c7！

当然避免 3. 车×h7。

3. … 后 h6

否则 3. … 后 g8   4. 车 d8+有效击双。

4. 车 d8+   王 a7   5. 王 c6

逼黑后回至第 7 横排。在 5. … 王 a6 时，接走 6. 车 a8#。

5. … 后 g7   6. 车 d7+   后×d7+   7. 王×d7+

以下从略。

第 80 局

朱·布罗吉，1929 年

白先胜

作者是意大利排局家。

双方子力相当，但黑后行动自由，白方的弱子和王必须密切配合，精心组织杀势。

1. 马 f7+   王 h7   2. 马 g5+   王 h6

如走 2. … 王 h8，以下是 3. 象 e3！后×e3（3. … 后 f1   4. 象 d4#）
4. 马 g6#。

3. 王 g8！

伏 4. 马 f7#，并使 f4 马摆脱黑后的牵制。

3. … 后 g1

若 3. … 王×g5，则 4. 马 d3+闪击。

4. 王 h8！

使 g5 马脱离牵制，仍威胁 5. 马 f7#。黑方吃 g5 马也输，因 5. 马 e2。

4. … 后 a7   5. 马 f7+!   后×f7   6. 马 d3+ 王 g6   7. 马 e5+

黑后难逃厄运，白方胜局已定。

第 81 局

勒·古博，1900 年

白先胜

作者是法国排局家。

白方多一马，但形势危急。取胜之道只有吃去或兑掉黑后，并拦阻住黑兵，这要求助于战术才能做到。

1. 马 e6+ 王 e8

如改走 1. … 王 f7，则 2. 后 f5+ 王 e8（2. … 王 g8   3. 后 g6+ 王 h8
4. 后 g7#）3. 后 f8+ 王 d7   4. 后 d8+，黑后被抽吃。

2. 后 g6+ 王 d7   3. 后 d3+!

制胜的关键，运用战术组合先弃后取。

3. … 后×d3   4. 马 c5+ 王 d6   5. 马×d3

黑后被兑换，白马守住 c1 格。有鉴于此，1. 后 f4+? 后×f4   2. 马 e6+
王 f7   3. 马×f4 是错棋，因 3. … c1 后#。

5. … e5

或 5. … 王 d5   6. 马 b4+。

6. 王 g1 e4   7. 马 c1

胜局已定。

第 82 局

安·林克，1908 年

白先胜

作者是法国艺术大师。

双方子力相当。黑王暴露在外，白方以交叉火力构杀，迫使黑后自投罗网。

1. 象 f2+

若 1. 象 c3+　王 c5　2. 后 a7+　王 d6　3. 象 b4+　王 e5，黑方脱离危险。

1. … 王 e5

或 1. … 王 c4　2. 后 b7！d4　3. 后×c6+　王 b4　4. 象 e1+　王 a3　5. 后 a6#。

2. 象 g3+　王 d4　3. 象 d6！

切断黑王退路，威胁 4. 后 d3#。黑方接受弃子与否，黑后皆会丢失。

3. … 后×d6

另一变化是 3. … 王 e3　4. 后 h3+　王 e2　5. 象 g3！后 f6　6. 后 g2+　王 e3　7. 后 d2+　王 f3　8. 后 f2+，黑后也被抽吃。

4. 后 d3+　王 e5

如 4. … 王 c5，则 5. 后 a3+。

5. 后 g3+　王 d4　6. 后×d6

下略。

第 83 局

波·拉什-尼尔森，1935 年

白先胜

作者是丹麦排局家。黑方多一通路兵，白方较为协调。如 1. 后×f8，黑方可以长将和。白方为取胜，须另辟蹊径。

1. 马 f5+ 王 g4 2. 马 e3+!

弃马将黑后引入不利位置。经 2. 后×g7+ 王×f5，白方缺少后继手段。

2. … 后×e3

在 2. … 王 h4 时，白方接走 3. 后 e7+ 王 h5（或 3. …g5）4. 后 g5#。

3. 后×g7+ 王 f5

若 3. … 王×f4，则 4. 后 h6+，黑后也丢失。

4. 后 g5+

白后借将军埋伏在 f 兵后面，闪击结构已经形成。

4. … 王 e6 5. f5+ 王 e5 6. 后×e3

白方达到目的。

第 84 局

阿·特罗伊茨基，1909 年

白先胜

作者是俄罗斯著名排局家，强调艺术创作与实践对局之间的联系。

无兵的小型排局，似乎是简单的和棋。但白子在艺术大师手中迅速协调起来，对黑王展开凌厉攻势。

1. 马 b6！

伏 2. 后 e3#。如 1. … 后×b6 2. 后 e3+；1. … 王 c5 2. 马 d7+；1. … 王 e4 2. 后 g4+ 王 e5 3. 马 d7+，黑后皆被抽吃。

1. … 后 e8

黑方为解杀而弃马，但 2. 后×c7 后 e3+成和棋。

2. 马 d7！

又构成 3. 后 d3#的威胁，不容对方喘息。黑方仍不能 2. … 后×d7，因 3. 后 d3+。若 2. … 王 d5 3. 马 f6+，及 2. …后 e4 3. 后 c3+ 王 d5 4. 马 f6+，结果也一样。

2. … 王 c4 3. 后×c7+

带将军吃马是正确的。急于构杀黑方可化解：3. 后 c3+ 王 b5 4. 后 c5+ 王 a4 5. 马 b6+（5. 后 d4+ 王 a3！ 6. 马 c5 马 d5！ 7. 后×d5 后 b5）5. … 王 b3 6. 后 c3+ 王 a2 7. 王 c1 后 e2！。

3. … 王 b4 4. 后 c5+ 王 b3

或 4. … 王 a4 5. 马 b6+ 王 b3 6. 后 c3+ 王 a2 7. 马 d5！后 d7 8. 王 c1 等。

5. 后 c3+ 王 a4

若改走 5. … 王 a2，则 6. 王 c1 后 e2　7. 后 a5+ 王 b3　8. 马 c5+ 王 c4
9. 后 a6+ 王×c5　10. 后×e2。

6. 后 d4+ 王 a3　7. 马 c5! 后 b8

包围圈已形成。如 7. … 后 b5，接走 8. 后 a1+ 王 b4　9. 后 c3#。

8. 后 a1+ 王 b4　9. 马 a6+

战斗结束。切不能粗心地 9. 后 b2+ 王 a5　10. 后×b8，致使功败垂成。

第 85 局

让・维尔涅夫－埃斯克拉蓬，1910 年

白先胜

作者是法国排局家，具有较高实战水平。

未经深入观察，局势也给人和棋的印象。仔细审视才能发现以战术取胜的
机会。

1. 象 h5!

产生 2. 后 g6#的威胁，逼迫黑方吃弃子，恶化黑王的处境。

1. … 王×h5

如 1. … 王 g7，则 2. 后 g6+ 王 h8　3. 后 f6+ 王 g8　4. 象 f7+ 王 f8
(4. … 王 h7　5. 后 g6+) 5. 象 g6+ 王 g8　6. 后 f7+，或 3…王 h7　4. 象 g6+
王 h6　5. 象 f5+ 王 h5　6. 后 g6#。

2. 后 h7+ 王 g4　3. 后 h3+ 王 f3　4. 后 g2+ 王 g4　5. 后×a8

白方胜定。

作者独出心裁，设计成黑方先走也可用类似手法取胜，即 1. … 象 h3!
2. 王×h3 后 h1+　3. 王 g4 后 h5+　4. 王 f5 后 g6+　5. 王 g4 后×c2。

第86局

列·库贝尔，1922 年

白先胜

拉脱维亚著名排局家的创作。

双方子力均等。黑王在盘角，受到黑后和象的保护，白方难于将杀。充分发挥想象力，可在攻杀过程中，将矛头转向位置欠佳的黑后，使黑方遭受重大子力损失。解题的思路需灵活。

1. 后 a1+

白后开始阶梯行进，以改善位置，使白子完成预想的模式。在 1. 后 h2+象 h7 2. 后 e5+ 王 g8 3. 后 e8 时，黑方应以 3. … 后 f7。

1. … 王 h7 2. 后 b1+ 王 h8 3. 后 b2 王 h7 4. 后 c2+ 王 h8 5. 后 c3+ 王 h7 6. 后 d3+!

这时 6. 后 h3+ 王 g6 7. 后 g4+ 王 f6（7. … 王 f7 8. 后 g7+抽后）8. 后×g8 后×f2，只是和棋。

6. … 王 h8 7. 后 h3+

现在时机成熟，黑王仍位于角格。7. 象 d6 是空着，黑方可走 7. … 后 g7。

7. … 象 h7

若 7. … 后 h7，则 8. 后 c3 构杀。

8. 后 c3+

立即 8. 后 c8，黑方续以 8. … 后 f7 9. 象 h6+ 象 g8。

8. … 王 g8 9. 后 c8!

运用各种技术手法，白方终于达到目的，伏 10. 象 c5+闪击。黑后逃至 f7

时，白可 10. 象 h6+ 后 f8 11. 后×f8#。

9. … 王 f7 10. 象 c5！

黑后被擒，匠心独运。

第 87 局

维·霍尔斯特，1903 年

白先胜

作者是丹麦排局家。

白方少一兵，不能 1. 后×h1？，因 1. … 后 c6+黑胜。白后巧妙机动，猎取的目标是黑后。

1. 后 h8+！ 后 f6

或 1. … 王 d6 2. 后 h6+。

2. 后 b8+

白后沿黑格行动，与白格象及白王紧密配合，强制恶化黑子的结构。

2. … 后 d6

若 2. … 王 d4，则 3. 后 b2+击双。

3. 后 b2+ 后 d4 4. 后 h2+ 马 g3

在 4. … 王 f6 时，有 5. 后 h8+！。

5. 后 h8+！

不受弃马的诱惑，白后完满勾勒出正方形的轨迹。

5. … 王 d6 6. 后×d4+

别有新意。

第 88 局

安·施罗恩，1957 年

白先胜

作者是法国排局国际大师、残局理论家。这个排局是他根据另一位著名排局家的题意再创作的。

在强子残局中，王的安危是估计局势的首要因素。主动方组织攻王，或构杀或借此得子胜，本局可以为例。

1. 后 e4+!

后进入中心机动性最强。错觉是 1. 后 h1+ 王 a7（1. … 王 b8 2. 车 h8）2. 车 h7+ 车 f7（2. … 王 b6 3. 车 b7+；2. … 王 a6 3. 后 c6+）3. 后 f3，似乎白方利用十字牵制取胜，实际上黑方可通过 3. … 后 h8+! 解围。

1. … 王 b8

这时 1. … 王 a7 2. 车 h7+ 车 f7，白方接走 3. 后 a4+! 王 b6 4. 后 b3+，抽吃黑车。

2. 后 e5+! 王 a7

或 2. … 王 c8 3. 车 h8。若 2. … 王 b7 3. 车 h7+ 车 f7，白有 4. 后 d5+。

3. 车 h7+ 车 f7

否则白方强子迅速构杀。

4. 后 f6!!

此时，形成的十字牵制，黑方已无法摆脱。

4. … 车×h7 5. 后×f8 车 c7 6. 王 c4

以后相机进王助攻，白方胜定。

第 89 局

列·库贝尔，1921 年

白先胜

此是拉脱维亚排局艺术大师的又一佳作。中局型局势，双方的王都不够安全。白方少一兵，但先行权在握，可率先展开攻势，值得注意的是白王也可以参战。

1. 后 e4+

不能粗略地走 1. 车 a6+ 王 b8　2. 后 e4，因 2. … 后 b4+　3. 王 c6 后 b7+ 黑胜。

1. … 王 b8

若 1. … 王 a7，则 2. 车 a6+ 王 b8　3. 车 a8#。

2. 车 b6+!

这时 2. 王 a6? 构杀，黑方应以 2. … 后×h6+。白方弃车引黑象至第 6 横排，遮挡住 a6 格。

2. … 象×b6

黑方拒吃也被将杀：2. … 王 c8　3. 后 b7+ 王 d7　4. 马 e5+ 王 e7 5. 后×c7+ 王 e8　6. 后 c6+ 王 e7　7. 马 g6+ f×g6　8. 后 e6#。

3. 王 a6!

"入境侵疆，长存先手。"现在伏 4. 后 b7#。

3. … 车 d7

经 3. … 车 d5　4. 后×d5 后 c8+　5. 王×b6 后 c7+　6. 王 b5，白方胜定。黑车守住 b7 格，黑王已无危险，但臣下厄运降临……

4. 后 a8+!! 王×a8 5. 马×b6+ 王 b8 6. 马×d7+ 王 c7 7. 马×f8

45 年之后，1966 年男子世界冠军赛第 10 局，重现了类似场景：

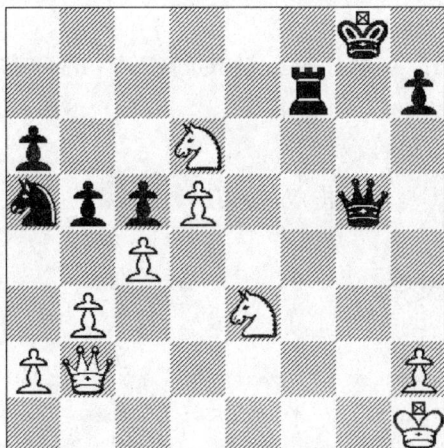

世界冠军彼得罗相执白棋。当舞台的展示盘上走出 30. 后 h8+!! 时，大厅内响起了观众的热烈掌声，挑战者斯巴斯基立即认输。

以下是 30. … 王×h8 31. 马×f7+ 王 g7 32. 马×g5，白方多子多兵。

可以断定，彼得罗相在更早的对局中已实施过这样的战术组合。

第 90 局

埃·波戈相茨，1959 年

白先胜

作者是俄罗斯排局国际特级大师，曾创作出 6000 多件作品。

此例的形式与内容，和上一局相似。"春风得意马蹄疾"，白方借攻王取得重大子力优势。

1. 马 e5+

白马利用闪击逼近黑子。

1.··· 王 a5

或者是 1.··· 王 b5 （1.··· 王 a3 2. 后 b3#）2. 后 b3+ 王 c5 （2.··· 王 a5 3. 车 a4#）3. 车 c4+ 王 d5 4. 车×c6+。

2. 后 d8+! 王 b5

若 2.··· 后×d8，则 3. 马×c6+击双。

3. 象 c4+!

弃象编织连续性马步图案。

3.··· 车×c4

黑方拒吃也输。例如 3.··· 王 c5 4. 后 a5#，或 3.···王 b4 4. 马×c6+ 后×c6+ 5. 象 d5+，及 3.··· 王 a4 4. 象 d5+ 王 a3 5. 后 a5+等。

4. 后 a5+!! 王×a5 5. 马×c4+ 王 b5 6. 马×d6+ 王 c5 7. 马×f5

异曲同工。

第 91 局

埃·多布列斯库，1969 年

白先胜

作者是罗马尼亚排局国际特级大师。

局势复杂。白马受攻，白王暴露在外。黑后处境也不安全，成为白方的攻击目标。

1. 车 hc8

黑后被牵制无法逃脱。但黑方有反击，战斗并未结束。

1. ··· 车×f4+　2. 王 e5 车×d4

现在 3. 车×c4+ 车×c4，简单成和。白方开始以特殊手段猎取黑方的主力。

3. d3! 车 d5+

如 3. ··· 车×d3　4. 车×c4+，或 3. ··· 后×c8　4. 车×c8+ 王 d2　5. 王×d4，白方胜定。

4. 王 e6 后 c5

可惜不能走 4. ··· 车 c5+　5. d×c4。

5. d4! 车 d6+　6. 王 e7 后 c6　7. d5! 车 d7+　8. 王 e8 后 c7　9. d6!

黑方已是穷途末路。

第 92 局

弗·布隆，1971 年

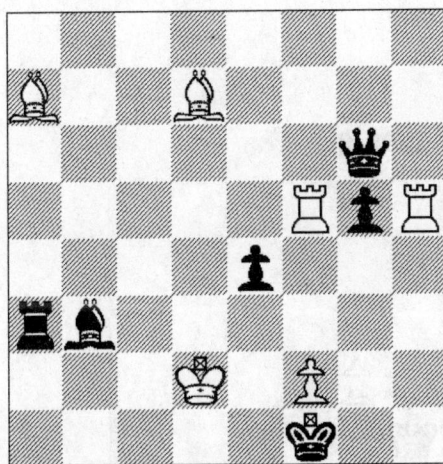

白先胜

作者是乌克兰排局国际特级大师。

黑方子力占优，但整体结构不尽如人意，愿满足于和棋。白方巧妙破坏对方意图，排除了逼和的机会。

1. 象 b5+

不可走 1. 车 f×g5，因 1. ··· 后 d6+反击。

1. ··· 象 c4

黑方一心制造逼和。如 1. ··· 王 g2，则 2. 车 f×g5+。

2. 象×c4+ 车 d3+　3. 象×d3+ e×d3

这时接走 4. 车×g5? 后×g5　5. 车×g5，正如黑方所愿。

4. 车 h1+！王 g2　5. 车 g1+！王×g1　6. 车×g5+ 王 f1

白方弃车构建闪击结构，预想 6. … 后×g5+　7. f4+。

黑方贯彻原意，白若 7. 车×g6 成逼和。

7. f4！后 b6

顽强到底。

8. 车 g1+！

当然避免 8. 象×b6？。

8. … 后×g1　9. 象×g1

转入兵类残局，白方胜定。

第三节　兵的升变

使兵升变以获取制胜的子力优势，增加了国际象棋的复杂性和趣味性，这类排局同样有实用和审美价值。

简介例局：

阿·特罗伊茨基，1896 年

白先胜

1. 马 a3+！马×a3　2. d6！e×d6　3. h5

白兵必将升变为后。

第 93 局

克·塔捷索尔，1910 年

白先胜

120 多年前，一个实战对局形成近似图中的局势：白方有 e5 兵，黑王位于 d5，轮白方走棋。当时，对局者未发现其中的奥秘。

1884 年，一位国际象棋爱好者指出以 1. 王 b1！起始的取胜途径。1910 年，英国排局家塔捷索尔将如图局势作为排局介绍给读者，至今仍是学习制胜格的好教材。

1. 王 b1！！

白王不进反退，似乎有悖常理，实际上是取胜的关键。根据制胜格规则，白王占领 a4、b4 或 c4 格即保证 b2 兵升变，这个兵向前推进或斜吃至边线，制胜格随之前移，白王不能及时跟进即成和局。在 1. 王 c3 时，经 1. … a3！2. b×a3 王 e6 3. 王 b4 王 d7 4. 王 b5 王 c7，白王来不及占据 b7 格；而 2. b4 王 e6 3. 王 b3 王 d6 4. 王×a3 王 c6 5. 王 a4 王 b6，白王来不及进入 a6、b6 或 c6 格，皆是和棋。

1. … a3

继续考验白方的理论知识。如 1. … 王 e5 2. 王 a2 王 d5 3. 王 a3 王 c5 4. 王×a4 王 b6 5. 王 b4！，白方简单取胜。

2. b3！

适时应变的好棋。b3 兵的制胜格为 a5、b5 及 c5 格，白王可利用对位抢占其中一个。错棋是 2. b4？，那时制胜格为 a6、b5 和 c5，白王已鞭长莫及。

2. … 王 e5 3. 王 a2 王 d5 4. 王×a3 王 c5 5. 王 a4 王 b6

或 5. … 王 c6 6. 王 a5。

6. 王 b4!

对位是争夺格位的手段。

6. ···　王 a6　7. 王 c5

白王在前引导，白兵必将升变，例如接走 7. ···　王 a5　8. b4+　王 a6
9. 王 c6　王 a7　10. b5（白兵进入第 5 横排，除 a7、b7、c7，a6、b6、c6 也成
为制胜格），或 7. ···　王 b7　8. 王 b5!（8. b4? 王 c7 是和棋），以下着法从略。

第 94 局

斯·扎哈罗夫，1995 年

作者是俄罗斯排局家。

白方有畅通无阻的 b2 兵，好像可以轻松取胜。但棋弈是对抗性竞技，应
养成反击和防反击的意识。

1. e4!

精确的着法。如直接 1. b4?，黑方在王翼反击，黑兵利用将军快速前突：
1. ···　王×h4　2. b5　g5+　3. 王×f5（3. 王 f3　王 h3　4. b6　g4+　5. 王 f2　王 h2
6. b7　g3+）3. ···　g4　4. b6　g3　5. b7　g2　6. b8 后　g1 后，至多是和棋。

1. ···　f×e4

或者是 1. ···　王×h4　2. e×f5　王 h3　3. b4　h4　4. 王 f3!　王 h2　5. 王 f2，
黑方也输。

2. b4　王×h4　3. b5　g5+　4. 王 e3!

白方弃兵的效用显示出来，白王在 e3 仍监视着黑 g 兵，而这个兵已不能
借照将加速进度。

4. ···　g4

如改走 4. … 王 g3，经 5. b6 h4　6. b7 h3　7. b8 后 h2　8. 后×d6+ 王 g2
9. 后 d2+ 王 h3　10. 后 e1 王 g2　11. 后 f2+ 王 h3　12. 后 f1+ 王 g3　13. 王×e4，
白方胜定。

5. b6 g3　6. b7 g2　7. 王 f2 e3+　8. 王×g2 e2　9. 王 f2
结束战斗。

第 95 局

1972 年的一届国际比赛中，美国国际特级大师布朗执黑对南斯拉夫国际特
级大师柳博耶维奇，形成如图局势。轮黑方走棋，经 1. … f5?　2. 王 b4 f4
3. 王 c4，白王进入黑兵的方形区，双方同意和局。若是 2. … 王 d5　3. 王 c3
王 e4　4. 王 d2，结果也是一样。我们看下一个排局。

尼·格里戈利耶夫，1928 年

白先胜

作者是俄罗斯国际象棋大师、残局理论家。

与上图相比，等于黑白棋方位反置过来。这里白方先走，王不在 c3 而在 d3 无关宏旨。

1. 王 d4!

如同上局，1. f4? 是错棋，因 1. … 王 b5。若 1. 王 c4? 当然更不好，因 1. … b5+。现在，白王先切断黑王后撤的近路，然后再推进 f 兵。

1. … 王 b5

另一走法是进兵寻求对攻：1. … b5 2. f4 b4 3. f5 b3 4. 王 c3!（兵类残局中典型手法，目的是把对方的王引入不利位置）4. … 王 a3 5. f6 b2 6. f7 b1 后 7. f8 后+ 王 a4（7. … 王 a2 8. 后 a8#）8. 后 a8+ 王 b5 9. 后 b7+，抽后，白胜。

2. 王 d5! 王 a6

黑王绕路回防。若 2. … 王 a4，则 3. f4 b5 4. f5 b4 5. 王 c4 b3 6. 王 c3，变化同上。

3. f4 王 b7 4. f5 王 c7 5. 王 e6! 王 d8 6. 王 f7!

白王抢先控制住升变格。

6. … b5 7. f6 b4 8. 王 g7 b3 9. f7 b2 10. f8 后+

白兵升变带将军，赢得宝贵时间，黑方只得认输。

回过来看，在上述对局布朗走 1. … 王 d5! 本可取胜。兵类残局有时貌似简单，但特级大师在其中也难免犯错误。

第 96 局

弗·普罗科普，1925 年

白先胜

作者是捷克排局国际大师。

超小型排局。黑马远离主战场，白方随机而动后发制人，可使王协助兵升变，在策略和技巧上具有参考价值。

1. b6!

在此特定局势，白方先进兵是正确的，以后可以视黑马的走向，相应调动，白王获胜。

恰恰相反，白方如首先确定王的位置，黑马可随之调整回防路线，取得和棋：1. 王 a6 马 f4！ 2. b6 马 e6 3. b7 马 d8 4. b8 后 马 c6+；1. 王 a8 马 e3！ 2. b6 马 c4 3. b7 马 b6+ 4. 王 a7 马 d7； 1. 王 c8 马 e3！ 2. b6 马 c4 3. b7 马 d6+等等。

1. ··· 马 e3

或者是 1. ··· 马 f4 2. 王 c8！（2. 王 a6? 马 e6 3. b7 马 c5+）2. ··· 马 d5 3. b7 马 b6+ 4. 王 d8。

2. 王 a6!

现在 2. 王 c8?，则 2. ··· 马 c4 3. b7 马 d6+。

2. ··· 马 d5 3. b7 马 c7+ 4. 王 a5

马与对方的王在斜线上相隔一格，通常不利于继续进行打击。

白兵必将升变。

第 97 局

阿·达尔阿瓦，1965 年

白先胜

作者是意大利排局家。

双兵对单象，最有利的条件是两个兵已向前推进一定程度，彼此之间距离比较远，使象不能同时兼顾。这里黑王参与战斗，但白王位置极好，可迅速调向王翼助攻。

1. 王 d5!

防止 1. a8 后？象 e4+击双。

1. … 象 f1　2. 王 e6

白王又赢得一个步拍。

2. … 象 g2　3. 王 f7!

谋略对，还需操作精确。如信手走 3. 王 f6？经 3. … 象 d5　4. 王 e5 象 g2，白方失胜机。

3. … 象 d5+

否则 4. g7 象 d5+　5. 王 f8。

4. 王 f6

形成第 3 回合提到的局势，不过已轮到黑方走棋。

4. … 象 g2

或 4. … 王 h5　5. g7 王 h6　6. a8 后！象×a8　7. g8 后。

5. g7 王 h7　6. 王 f7 象 d5+　7. 王 f8 王 h6　8. a8 后 象×a8　9. g8 后

白方胜定。

38 年之后，2003 年俄罗斯 18 岁以下少年冠军赛中出现如图局势。

黑方急于构杀，铸成大错，经 60. … 王 f1?? 61. 后 d1+ 王 f2 62. 后 g1+! 王 e2 63. 后×e3+ 王×e3 64. h6 象 e4 65. b5，只有认输。

白方残局知识较丰富，得到的回报是由于这局棋的胜利获得此次比赛的冠军。

第 98 局

白先胜

1955 年，俄罗斯一位排局爱好者参加了初学创作比赛，他设定的答案是：
1. 马×d6（1. a7？ 马 b5+）1. … h2（1. … e×d6 2. a7）2. 马 e4！ 王×e4
（2. … h1 后 3. 马 f2+）3. a7 h1 后 4. a8 后+ 王 e3 5. 后×h1。由于首着
即吃子，形式与内容过于简单，这个作品未能获奖。

为帮助爱好者提高技能，担任此次竞赛裁判工作的一位著名排局家提出两
种改进方法。

白先胜

先看简单方案：1. 马 d6（1. 马 c5+？ d×c5+，或 1. a7 h2 2. a8 后 h1 后
3. 马 c5+？ d×c5+）1. … h2 2. 马 e4！ 王×e4 3. a7 h1 后 4. a8 后+。这里
增加了闪击和反将的内容，形式上也合理了，但仍显得单薄。

109

下面的构图已是相当成熟的创作，其中纳入黑方进行反击的重要内容，棋子的数量也增加了。

白先胜

1. b5

若 1. a7？马 c6+，或 1. 马 c5+ d×c5　2. b5 马×a6　3. b×a6 马 b4　4. a7 马 c6+，黑方反胜。

1. … 马×a6

经 1. … 马 b4　2. 王×b4 h3　3. a7 马 a6+　4. b×a6 h2　5. a8 后 h1 后 6. 后 g8 后 e1+　7. 王 b5 后 b1+　8. 王 c6 后 c1+　9. 王 d7，白方也胜定。

2. b×a6 马 b4！

直接 2. … h3，白方应以 3. a7 h2　4. a8 后 h1 后　5. 马 c5+闪击。

3. 王×b4 h3　4. 马×d6！

白王在 b4，白马 c5 的闪击手段已不成立。

4. … h2　5. 马 e4！

回到原作者的创意，下略。

第 99 局

戴·胡佩尔，1975 年

白先胜

作者是英国著名排局家和残局理论家。

小型排局，构图自然。双方子力相当，白方的通路兵较为靠前，且有先行权，充分发挥马的战术潜能，可以使兵升变。

1. c6 马 a5   2. c7 马 c4

黑方同样运用战术手段进行防守，在 3. c8 后？时，应以 3. 马 d6+ 击双。

3. 王 d5 马 b6+   4. 王 c6 马 c8   5. 王 b7 马 e7

最顽强的抵御。改走 5. … 马 d6+   6. 王 b8 王 h4（6. … 王 f5   7. 马 d4+ 王 f4   8. 马 b5！）7. 马 g7 g4   8. 马 f5+！，白方速胜。

6. 马 d4 王 f4   7. 马 c6

除引离之外，利用逼兑驱离对方的马也是重要手段。

7. … 马 f5   8. 王 c8！！

仍不能走 8. c8 后？马 d6+。8. 王 b8 也是缓着。因黑方计算步数之后，可以考虑弃马，在王翼快速反击，经 8. … 马 d6   9. 马 d4 g4   10. 马 b5 g3！11. 马×d6 g2   12. c8 后 g1 后   13. 后 f5+ 王 g3   14. 马 e4+ 王 h2，成为和棋。白王至 c8，立即伏 9. 王 d7，黑方反而得不到喘息的机会。

8. … 马 d6+   9. 王 d7 马 c4   10. 马 e7

紧握主动权，威胁走 11. 马 d5+ 再 12. c8 后。在 10. … 马 b6+ 时，白方应以 11. 王 c6。黑方下着棋是被迫的。

10. … 王 e5   11. 马 f5！

取胜的又一关键，必须阻止黑马再次进入 d6，否则前功尽弃。现在伏 12.
王 c6，黑方无法有效化解。

11. … 王 d5

或者是 11. … 王×f5　12. 王 c6，以及 11. … 马 b6+　12. 王 c6 马 c8
13. 王 b7。

12. 马 e3+! 马×e3　13. c8 后

马类残局的好教材。

第 100 局

保·海耶克尔，1930 年

白先胜

作者是德国国际象棋大师、著名排局家。

同格象的小型排局，双方子力相当。显然，白方的当务之急是要阻止黑兵
向前推进，而这个任务似乎是完不成的……

1. 象 a7!

在象类残局中，引离也是常用手段。黑如接走 1. … 象×a7，则 2.h7 使兵
升变。

1. … 象 a1　2. 王 b1 象 c3　3. 王 c2 象 a1

白方借攻击黑象改善王的位置，但要进入 e4 格封堵黑兵还有距离，怎样
才能达到目的？

4. 象 d4!!

强行引入，黑方已无法拒吃。

4. … 象×d4

若 4. ··· e×d4，白方自然接走 5. 王 d3。

5. 王 d3

这时黑兵未遭封锁，但仍不能向前推进，否则黑象要丢失。

正是由于白方运用了发散性思维，解决问题时考虑到直接和间接的——常态和特殊的两种方法，才走出上一回合的妙招。棋弈被称作"智慧的体操"，并非偶然。

5. ··· 象 a1   6. 王 e4

白方终于达到目的。

第 101 局

维·佳弗洛夫斯基，1962 年

白先胜

作者是俄罗斯排局国际大师。

小型排局。双方持异格象，盘上存留子力不多，一般情况下和棋概率相当大。而在此，白方可利用弱升变巧妙战胜对方。

1. g7 象 e2

准备在 2. g8 后时，接走 2. ··· 象 c4+击双。另一变化是 1. ··· 象 d1，经 2. g4+! 王 h6   3. g8 马+! 王 g6   4. 马 f6 王 g5（4. ··· 象 f3   5. 象×c5 王 g5   6. 象 e3+）5. 马 d5+ 王×g4   6. 马 e3+，白方也胜。

2. 王 d5!

现在 2. g4+? 已行不通，因 2. ··· 王 h6   3. g8 马+ 王 g6   4. 马 f6 王 g5，成为和棋。

2. ··· 象 d1   3. 王 c4 象 g4

黑象已无向前的空间，只得后撤作最后的试探。

4. g8 象！

取胜的关键。若 4. g8 后！象 e6+！   5. 后×e6 是逼和。升变为车则要丢失。

4. … 象 e2+   5. 王×c5   王 g4   6. 象 d6

以后白方徐图进取，不难获胜。

第 102 局

约·范德恩杰，1924 年

白先胜

作者从事法律工作，是荷兰著名排局家。

双方子力相当。开放局面于两翼作战，象往往较为有力。但这里白兵已越过疆界，白子更为协调，为胜局奠定基础。

1. 马 e6！

白马抢先控制 d4 格至关紧要。若急于 1. a6 象 d4   2. 马 e6? 象 g1   3. 王 c6，黑方应以 3. … 王 b4，白方来不及 4. 马 c5 断路，黑方已可推进 h 兵反击。又如 1. 马×h7 王×b3   2. a6 象 d4，白方也不能胜。

1. … 象 e5

黑象必须立即回防。

2. a6

错着是 2. 王 c8，因 2. … 象 h2   3. a6 象 g1，黑象获得充分自由。

2. … 象 b8

这时，直接 3. 王 c8 象 a7   4. 王 b7 象 g1   5. 马 c7 王 b4！（5. … h5?

6. 马 d5+　王×b3　7. 马 b6，白方以典型手段取胜）6. 马 d5+　王 a5，黑方破坏白方意图。

3. 马 d4！！

德国诗人歌德认为，"独创性的一个最好的标志，就在于选择题材之后，能对它加以充分发挥，从而使大家承认根本未想到在这个题材里会发现那么多内容"。解答和欣赏这个排局，给人的印象正是如此。

3. …　王×d4

由于伏 4. 马 c6 的致命威胁，黑方不能拒吃。不过，黑王进入 g1—a7 斜线，明显压缩了黑象未来的活动空间。

4. 王 c8　象 a7　5. 王 b7　象 c5　6. b4！

白方又把握了实施战术手段的良机。

6. …　象×b4　7. a7

黑方可认输了。

第 103 局

1875 年，弈于英国伦敦的一个对局形成如图局势，轮白方走棋。他看出 1. 王 c7　2. 车 a7 再 2. … 车×b7，及 1. 王 b5 车 a1 再 2. … 车 b1 的变化，于是同意和棋。

这引起已移居伦敦的德国大师楚克托特的兴趣。很快，未来的世界冠军挑战者在一家杂志上指出白胜的着法：1. 王 c5！车 a5+　2. 王 c4 车 a4+　3. 王 b3 车 a1　4. 王 b2。当时，未引起广泛注意。

直至 1895 年，英国一家报纸刊登出以下排局，情况发生了变化。

最初的作者认为是和棋。

白先胜

1. c7 车 d6+

寻求长将行不通：1. … 车 d2　2. c8 后　车 b2+　3. 王 a5　车 a2+　4. 王 b4　车 b2+　5. 王 c3。

2. 王 b5! 车 d5+　3. 王 b4　车 d4+　4. 王 b3　车 d3+　5. 王 c2　车 d4!
6. c8 后? 车 c4+!　7. 后×c4

形成逼和。几天之后，一位名叫费·萨韦德拉的读者告知该报编辑人员，排局的正解应为白先胜。第 6 步改升变为车，详见如下：

6. c8 车!!　车 a4

现在 6. … 车 c4+，接走 7. 车×c4　王 a2　8. 车 a4#。

7. 王 b3!　王 b1　8. 王×a4

王、单兵巧胜王、单车。至今，这个排局在世界广为流传，受到公众的喜爱。

第 104 局

"晴空一鹤排云上，便引诗情到碧霄。"一百多年来，上一例的题材多次为人们深入挖掘，出现了不少佳作。

马·利布尔金，1931 年

白先胜

作者是白俄罗斯著名排局家。

与上例相比白方多一马和一个兵，充实了内容。

1. 马 c1

间接控制住 c5 格。经 1. … 车×b5　2. c7 车 d5+（2. … 车 c5　3. 马 b3+）3. 马 d3!（3. 王 c2 车 c5+，或 3. 王 e2 车 e5+　4. 王 d3 车 e8）3. … 车×d3+　4. 王 c2，形成上例的局势，以下是 4. … 车 d4!　5. c8 车! 车 a4　6. 王 b3，胜。

1. … 车 d5+!

趁白兵仍在 c6，黑方改变行棋顺序，先不吃 b5 兵。

2. 王 c2!

这时 2. 马 d3 车×d3+　3. 王 c2 的走法已不适用，黑方可应以 3. … 车 d5!，例如 4. b6 车 c5+　5. 王 d3 车×c6　6. b7 车 b6 等。若 2. 王 e2，则 2. … 车×b5　3. c7 车 e5+　4. 王 d3 车 e8。

2. … 车 c5+

或 2. … 车×b5　3. 马 b3+ 王 a2　4. c7。

3. 王 d3

深谋远虑。如果 3. 王 d2?，黑方续以 3. … 车×b5　4. c7（马 b3+ 车×b3　5. c7 车 b2+　6. 王 c1 车 b1+　7. 王 c2 车 b2+　8. 王 c3 车 b1）4. … 车 b2+　5. 王 d1 车 c2!　6. 王×c2，成为逼和。

3. … 车×b5

改走 3. … 车×c1　4. 王 d4，白双兵胜单车。

117

4. c7 车 b8！

最后的希望。

5. c×b8 象！！

常态的 5.c×b8 后，乃至少见的 5.c×b8 车，皆是和棋。

"谢朝华于已披，启夕秀于未振"。承袭并有新发展。

第 105 局

理·加伊，1938 年

白先胜

英国排局家的创作，他对数学深有研究。

超小型排局，初步印象好像白方不难取胜，但 1. d8 后 车 b8！ 2. 后×b8 是逼和，1. 马 d6 车 b8+ 2. 马 c8 王 b7 3. d8 后 车×c8 也成和棋。就是说要寻求一着棋，既能保证白棋安全，又可阻止黑车撤回第 8 横排。

1. 马 b2！ 车 h1 2. 王 g7

当然不能 2. d8 后 车 h8+，击双。

2. … 车 g1+ 3. 王 f7 车 f1+ 4. 王 e7 车 e1+ 5. 王 d6

终于避开长将。

5. … 车 e2

准备 6. d8 后 车 d2+。若改走 5. … 车 e4 6. 王 d5 车 e2，白方应以 7. 马 d3 车 d2 8. 王 d4。

6. 马 c4

防 6. … 车 d2，并寓有深意。

6. … 车 e1

或 6. … 车 e4。

7. 马 b6!

白子逐步靠近，已可以有效协同行动。黑王如吃马，白兵升变带将军。

7. … 车 e1+　8. 马 d5

白兵必定升变。

第 106 局

威·斯坦尼茨，1862 年

白先胜

作者是历史上第一位国际象棋世界冠军，现代国际象棋理论的奠基者。

双方子力相当，白方的连兵在白子支持下极具威力。

1. h7+

有黑格象时，通常推进白格兵，避免自阻象路。

1. … 王 g7

当然不能 1. … 王 h8　2. 象 f6#。

2. h8 后+!

将黑王引入不利位置。若 2. 象 f6+ 王×g6　3. h8 后 车×h8，只是和局。

2. … 王×h8　3. 王 f7!

伏 4. 象 f6#。如 3. … 车×h4，则 4. g7+ 王 h7　5. g8 后+ 王 h6　6. 后 g6#。

3. … 车 f1+　4. 象 f6+

解将还将，这样的手法在象棋里也会见到。

4. … 车×f6+　5. 王×f6

转入必胜的兵类残局。

5. ··· 王 g8　6. g7　王 h7　7. 王 f7　王 h6　8. g8 后

下略。

第 107 局

波·卡雷罗内托，1928 年

白先胜

作者是巴西排局家。

黑方子力略优，但黑王处境不利，成为失败的症结。

1. f4!

伏 2. 象 f3#。白方由此掌握主动权，不容黑方喘息。

1. ··· 车 d3　2. 象 f1　车×d2　3. 象×c4　e6　4. 象 b3!

没有时间走 4. 象×a6，因 4. ··· 车 f2。现在，除 d1 格，白方指向黑方阵地的第二个弱点——f7 兵。当一方阵地出现双弱点时，防守任务会变得很困难。

4. ··· 车 d3

改走 4. ··· 车 d8　5. 象 a4　a5　6. a3，黑车无力兼顾 d1 和 e8 格。

5. 象 a4　车 d8

可惜不能走 5. ··· 车×h3　6. 象 d1+　车 f3　7. 象×f3#。

6. 象 c6!

错棋是 6. c4?，因 6. ··· 车 d4，白方丢失紧要的 f4 兵。而这时，白象灵活地将一个攻击点由 d1 转向 f3，黑方已坚守不住。

6. ··· 车 d3　7. 象 e8　车×h3　8. 象×f7+　王 g4

黑王获得自由，但损失惨重。

120

9. 象×e6+ 王g3　10. 象×h3 王×h3　11. e6 王g2　12. e7 h3　13. e8后 h2　14. 后e2+ 王g1　15. 后×h2+ 王×h2　16. f5

利用双弱点的范例。

第 108 局

埃·拉斯克，1892 年

白先胜

历史上第二位国际象棋世界冠军的早期创作。他是德国哲学和数学博士，对排局很感兴趣，提出以解答排局提高分析能力的观点。

双方的车和通路兵互相牵制，成败取决于王的位置。

1. 王 b8

如 1. 王 d8 车 d2+　2. 王 e8 车 c2　3. 车×f2，黑方应以 3. … 车×c7。

1. … 车 b2+

由于白王仍保护着 c7 兵，黑方不能 1. … 车×c7 弃子。

2. 王 a8!

与黑王形成对位。

2. … 车 c2　3. 车 f6+! 王 a5

经 3. … 王 b5 王 b7，白方速胜。

4. 王 b7 车 b2+　5. 王 a7! 车 c2　6. 车 f5+!

白子巧妙腾挪，逐渐逼黑王远离白兵。

6. … 王 a4　7. 王 b7 车 b2+　8. 王 a6! 车 c2　9. 车 f4+! 王 a3　10. 王 b6 车 b2+

否则白方走 11. 车×f2。

11. 王 a5！车 c2　12. 车 f3+！王 a2

强行引离的条件已成熟。

13. 车×f2！车×f2　14. c8 后

这里展示的取胜方法具有实用价值，以后不止一次见于实战对局之中。

第 109 局

弗·普罗科普，1935 年

白先胜

此为捷克排局国际大师的又一作品。

子力相当，白方不能用简单手段取胜，例如 1. 车×e4 f×e6　2. 车×e6 王 h7，或 1. e7 车 e8　2. 车×e4 王 h7　3. 王 e3 王×h6　4. 王 d4（4. 王 f4 王 g6）4. … 王 g5　5. 王 d5 f5，黑方求得和棋。

1. 车 f6！

压制 f 兵，引而不发，等待对方被迫不利地改变子力结构，再进行战术打击。

1. … e3

若是 1. … f×e6，白方接走 2. h7+！王 g7　3. 车×f8 王×f8　4. h8 后+。在 1. … 车 a8 时，可应以 2. 车×f7（2. e×f7+ 王 f8　3. h7 车 a2+　4. 王 e3 车 h2），伏 3. h7+ 王 h8　4. e7。

2. 王 f1！

识破黑方意图：2. 王×e3 车 e8，或 2. 王 e1 e2　3. 王×e2 车 e8，成为和局。

2. … e2+　3. 王 e1！

拒吃，将先行权转给对方。

3. … f×e6　4. h7+！王 g7　5. 车×f8 王×f8　6. h8 后+

48 年前笔者初学国际象棋时，思路不开阔，只知晓吃子、构杀、先走就好。在一般情况下，这当然是对的。以后渐渐明了，有时转让先行权、拒吃、控制也能赢棋。

第 110 局

列与弗、卡茨内尔松，1995 年

白先胜

作者是俄罗斯排局家，前者还是排局国际大师。

小型排局。白方多一兵，黑王可迅速回防，白方需考虑弃车利用相连的通路兵取胜。

1. 车 e6！

若 1. 车 d2 王 b2　2. c4+ 王 c3，白兵将丢失。

1. … 王 b2　2. c4 王 c3　3. c5 王 d4　4. c6 车 g8+

或者是 4. … 王 d5　5. c7 车 g8+　6. 车 g6！车×g6+（6. … h×g6　7. d7）7. 王 h2 车×d6　8. c8 后，白方胜定。

5. 王 h2 王 d5

使人产生和棋的印象，但白方仍有后继手段。

6. 车 e8！车×e8　7. d7 车 d8　8. c7 车×d7　9. c8 后

俄罗斯全国冠军、国际特级大师彼·斯维德勒对此排局感兴趣，直接看图进行解答，用时不到两分钟得出正确答案。

第 111 局

弗·布隆，1931 年

白先胜

作者是乌克兰排局国际特级大师、技术科学博士。

白方有子力优势，但兵、子同时遭受攻击，难以保全。权衡轻重，白方正确选择弃子，运用通路兵取胜。

1. d7+ 王×b8

若拒吃白马，黑方也输：1. … 王 c7　2. 马 a6+ 王 b6（2. … 王×c6 3. d8 后 马×d8　4. 象×d8）3. d8 后+（3. c7? 象 c6+　4. 王 b4 象×d7）3. … 马×d8　4. c7。

2. 象 f4+ e5

经 2. … 王 a7　3. 王 b5，白方速胜。弃兵是为了考验对方。

3. 象×e5+ 王 a7　4. 象 d4+!

此时已不能走 4. 王 b5，因 4. … 象×c6+!　5. 王×c6 马×e5+　6. 王 c7 马×d7　7. 王×d7 王 b6，和局。

4. … 王 a6

或者是 4. … 王 b8　5. 王 b5 王 c7　6. 象 b6+ 王 d6　7. d8 后+ 马×d8 8. c7，白兵必将升变。

5. d8 马!

错着是 5. d8 后? 象×c6+　6. 王 b4 马×d8。

5. … 马×d8

否则白方多两兵也胜定。

6. c7 马 b7　7. c8 车!

如 7. c8 后?，黑方无子可动，成为和棋。

第 112 局

克·尤恩松，1964 年

白先胜

作者是瑞典排局家。

小型排局。黑方分值占优，但黑子分散，位置不佳，白方趁机快速推进 b 兵取胜。

1. 车 a7+!

若 1. 车×f2　王 b4，简单成和。

1. … 王 b4　2. 车 b7+　王 a5

不可走 2. … 王 c4 外逃，因 3. b3+ 击双。

3. b4+!　王 a6

在 3. … 车×b4 时，白方接走 4. 车 a7#。

4. b5+　王 a5　5. 车 a7+　王 b4　6. b6!

错误的走法是 6. 车×a4+，经 6. … 王×a4　7. b6 马 d3　8. b7 马 b4+

9. 王 b6 马 d5+　10. 王 a7 马 b4　11. b8 后 马 c6+，和棋。

6. … 马 d3　7. b7 马 e5+　8. 王 d6

"行百里者半九十"，白方仍需慎重，避免形成 8. 王 c7? 车×a7 以及

8. 王 d5? 马 d7。

8. … 马 f7+　9. 王 d5 车×a7　10. b8 后+

白兵由原位直达对方底线，是排局创作中的一个题材。

第 113 局

格·马蒂松，1925 年

白先胜

作者是拉脱维亚国际大师，世界著名排局家。1924 年，他获得了首届奥林匹克个人赛冠军。

黑方子力略优，面对极具威胁的 h6 兵，反而只能苦心求和。白方行动精确，仍可战胜对方。

1. 车 b8+

一方面防止 1. … 车 f1+击双，一方面准备经 b 线把车调至通路兵后方。

1. … 王×c2

如果 1. … 王 c1 拒吃，破坏对方意图，在行棋度数上受损失，白方接走 2. h7 也胜。

2. h7 车 h1！

在 2. … 象×g4+时，经 3. 王×g4? 车 h1 4. h8 后 车×h8 5. 车×h8 a4 6. 车 a8 王 b3 7. 王 f3 a3 8. 王 e2 a2 9. 王 d2 王 b2 10. 车 b8+ 王 a1，白方以一步之差无法取胜。

但白方可机敏地改走 3. 王 g2！，迫黑方走 3. … 象 f3+ 4. 王×f3 车 h1 5. h8 后 车×h8 6. 车×h8，与上变相比，白王靠近 a 线一格，以下是 6. … a4 7. 车 a8！（赢得步拍的典型手法）7. … 王 b3 8. 王 e2 a3 9. 王 d2 王 b2 10. 车 b8+ 王 a1 11. 王 c2 a2 12. 王 b3！ 王 b1 13. 车 h8 a1马+ 14. 王 c3 王 a2 （14. … 马 c2 15. 车 h1+）15. 车 b8，白方胜定。

3. 车 b2+！

知晓 3. h8 后 象×g4+是和棋，白方另辟蹊径。

3. … 王 c1

若 3. … 王×b2，则 4. h8 后+。

4. 车 h2！！

白方再次弃车，巧妙瓦解黑子的闪击结构。

4. … 车×h2 5. 王 g3 车 h1 6. h8 后

黑方已没有 6. … 象×g4+的手段，战斗实际上结束了。在 6. … 车 g1 时，应以 7. 王 h2。

第 114 局

阿·沃塔瓦，1951 年

白先胜

作者是奥地利排局家。

与上两局不同，这里白方有子力优势。当然，为取胜，白方不能无代价丢失 b7 兵。在运作过程中，需具备将杀模式、战术组合的知识与能力

1. 车 h1+！

错误的是 1. 象 e7？，因 1. … 车×b7 2. 象 f6+ 王 h7，白方构不成杀势。

1. … 王 g8

经 1. … 王 g7 2. 象 f8+！王 g6（2. … 王×f8 3. b8 后 车×b8 4. 车 h8+ 王 e7 5. 车×b8）3. 车 b1！车×b1 4. 象 b4，战术组合保证白兵升变。

2. 象 e7！

车、象构杀的模式有多种，把它们储存在记忆中是有益的。现在，伏 3. 象 f6 再 4. 车 h8#的威胁，黑方必须化解。白象赢得时间为白车打通道路，

使之强行将黑车引入不利位置。

2. … 王 g7

若推进 f 兵，结果相同。2. … 车 b6 也无济于事。

3. 车 b1！！

真实意图显现，白方弃车，为白象掩护白兵升变创造条件。

3. … 车×b1　4. 象 b4！车 c1+　5. 王 b2

白兵必定升变。

实用且有观赏性的小品。

第 115 局

埃·波戈相茨，1962 年

白先胜

作者是俄罗斯排局国际特级大师，擅长小型排局的创作。

白方多一兵，对局结果取决于其能否升变。战斗过程中，黑方可进行战术反击，似乎并无输棋危险。但最后关头，白马与兵高度协调起来，致使黑方陷于困境，只得目送白兵奔向升变格。

1. 车 a2！

我们曾指出，车置于通路兵后方大都是有利的。如立即 1. a7，黑方应以 1. … 车 a5 抢占好位置，不难守和。

1. … 马 d3+

黑车不能至 e8 回防，黑方希望兑换白车解围。

2. 王 d2

当然避免 2. 王 c2？马 b4+；2. 王 b1？车 e1+　3. 王 c2 马 b4+及 2. 王 d1

马 b2+　3. 王 c2（3. 车×b2 车 a5）3. ⋯ 马 c4 也横生枝节。

2. ⋯ 车 e2+　3. 王×e2 马 c1+　4. 王 d2 马×a2

黑方达到目的了？

5. 马 d5!!

"立登要路津"。黑方已可认负：5. ⋯ 王×d5　6. a7；或 5. ⋯ 马 b4

6. 马×b4+ 王 b5　7. a7。

第 116 局

安·林克，1912 年

（白先胜）

作者是法国艺术大师。

白方多兵且有先行权，好像可以轻松取胜，实际上需小心在意，识破假象。

1. e7!

若 1. 象 f5+，经 1. ⋯ 王 h4　2. e7（2. e×d7 王 g5+　3. 王 g2 车 d6）

2. ⋯ 车 h8　3. 象 g6（3. 车 e2 王 g5+　4. 王 g2 车 e8）3. ⋯ 王 g5+　4. 王 g2

王×g6　5. 车 a6 王 f7，成为和局。

1. ⋯ 王 g4+

如立即走 1. ⋯ 车 e6，白方续以 2. 象 f5+ 王 h4　3. 象×e6。

2. 王 g2

顺水行舟，白方相应改善王的位置，为以后的战术组合做好准备。

2. ⋯ 车 e6

白方又面临假象：3. 车 a6？车×e7，白象也受攻，白白丢失 e7 兵。

3. 车 e2!!

与第 112 局异曲同工，黑方必须接受弃子。

3. … 车×e2   4. 象 e4! 车×e4   5. f3+王 f4   6. f×e4

白方胜定。

排局家以各种方式表现同一题材，并非是简单承袭。

第 117 局

列·库贝尔，1928 年

（白先胜）

作者是拉脱维亚排局艺术家。

黑方有子力优势，通路兵得到黑车的支持。白方把握黑王易受攻击的良机，开拓思路，精确行动，以出人意料的方式取得胜利。

1. 车 1c4+!

在此，多数人会考虑走 1. 车 b8+。但经过 1. … 王 a5   2. b4+ 王×a4
3. 王 b2，黑方可应以 3. … 车 b5 解杀。因而，白方须寻求其他途径。

1. … 王 a5

如改走 1. … 王 b3，白方续以 2. 车 e4，伏 3. 车 c3#黑方无法化解。

2. 车 8c5+!

攻击过程中主动兑子，可能削弱打击力量，看似有备常规。实际上，这是战术组合的开端。

2. … 车×c5

只得如此，否则 2. … 王 b6   3. a5+ 王 b7   4. 车 c7+迅速构杀。

3. b4+!

胸有成竹的好棋。

3. …　王×a4　4. b×c5+　王 b3　5. c×d6　王×c4　6. d7　王 c3　7. d8 后　王 c2
或 7. …　d2　8. 王 b1。

8. 后 c7+
下略。

第 118 局

阿·特罗伊茨基，1928 年

白先胜

作者是俄罗斯著名排局家。这个作品受到世界冠军卡帕布兰卡的喜爱，将其收入他所写的教科书中。

双方子力分值相近，给人的印象是黑后更为主动灵活，难于想象黑方会输棋。

1. 象 e2+

消极的 1. d5？后 f6　2. 马 d1，经 2. …　后 f3，黑方率先展开攻击。对 1. 象×a6，卡帕布兰卡认为至多苦战求和。

1. …　王 f5　2. 马 d5

步步紧逼，不容对方喘息。弃兵的目的是迫黑后占住 e6 格，以防黑王逃逸。

2. …　后×e6

别无良策。例如 2. …　后 e8　3. 象 d3+　王×e6　4. 马×c7+，或 3. …　王 g4　4. 马 f6+击双。若 2. …　后 g7，则 3. e7　后 h8　4. e8 后！后×e8　5. 象 d3+，黑后也丢失。

3. 象 d3+ 王 g4　4. 象 e4!!

指挥若定，履险如夷。白方困住黑王，伏 5. 马 e3#。

在 4. … 后×e4 时，应以 5. 马 f6+。

4. … 后 h6

监护 e3 格，且威胁 5. … 后 d2+。

5. 马 f4

同样攻守兼备。退马掩护 d2 格，并有 王 g2、马 d3 再马 f2 攻杀的后继手段。

5. … 后 f6

破坏白方意图——6. 王 g2? 后×d4。

6. 马 d3!

随机而动。趁黑后失去对 d2 的控制，白方调整子力结构。

6. … 后×d4

白子占据最佳位置，高度协调。白王与象、兵围困黑王；白马受象保护，直接防守重要的 b2 和 f2 格，间接守护白象，重要的是使黑后不能任意走动，否则马 e5 或马 f2 成杀。反观黑方，又吃得一中心兵，已濒临逼走损着。

7. c6

制胜的后备步拍，将先行权转给对方。

7. … a5　8. b5!

慎始慎终。8. b×a5? 后 b2+!　9. 马×b2 是逼和。

8. … a4　9. b6 a3　10. b×c7 后×e4

最后一搏。

11. 马 f2+ 王 f3　12. 马×e4 a2　13. 马 d2+ 王 e2　14. 马 b3

黑方再无抗争手段。

"爱好者经常问我，解答限着杀王排局是否有益处？当然有，这能够发展想象力。""而解答类似上述的胜和习题，尤其是有益的练习，你不仅锻炼了想象能力，而且还会遇到实际对局中常见的场景。"——卡帕布兰卡。

第 119 局

列·库贝尔，1931 年

白先胜

此为拉脱维亚排局艺术大师的又一作品。

黑方有重大子力优势，但黑王处境不利，给予白方巧胜的机会。

1. 后 h6!

必须保障 c6 兵的安全，伏 2. 后 f8#。不可走 1. 后×e5?，因 1. … 后 b5+ 2. d3 后×c6，黑方胜势。

1. … 后 b5+

直接 1. … 王 e8　2. 后 h8+，黑后被抽吃。

2. d3

进兵遮将，同时压缩黑后的活动范围。

2. … 王 e8　3. 后 e6!

正确的侵入路线。面对 4. 后 g8#的威胁，黑方的应着是被迫的。

3. … 王 f8　4. 后 c8+ 王 f7　5. 后 b7!

子力兑换是棋艺的重要内容，通过结构性的改变，可以产生多种效果。白方在此逼兑黑后，从而形成一个即将升变的通路兵。这样的手段虽较少见，对其实用价值不应小看。

5. … 后×b7　6. c×b7 a3　7. b8 后

白方胜定。

第 120 局

列·米特罗法诺夫，1990 年

白先胜

作者是俄罗斯排局国际大师。这个排局是他在年近 60 岁时的创作。

双方子力相当。白子逼近黑王，但直接 1. 后 a5+ 王×b7　2. 后 a7+ 王 c6，无法构杀。白方为取胜，还须使 b 兵升变。

1. 马 d8！

白马以后的攻击点在 c6 格。

1. … 后×g4+

若 1. … 车×d8，黑王迅速被擒获。

2. 王 a5！

防止黑后继续照将。

2. … 车 h5

如改走 2. … 后 d7，变化为 3. b7+ 王 b8　4. 马 c6+ 王×b7（4. … 王 c7 5. 马 e5+）5. 后 b6+ 王 a8（5. … 王 c8　6. 后 b8#）6. 后 a6+ 后 a7　7. 后×a7#。现在白后被牵制，白方该认输了？

3. b7+ 王 b8　4. 后×h5！×h5+　5. 王 b6

形成少见的局势，要输棋的是黑方。

5. … 后 g6+　6. 马 c6+ 后×c6+　7. 王×c6 王 a7　8. 王 c7

134

第 121 局

阿·科托夫，1995 年

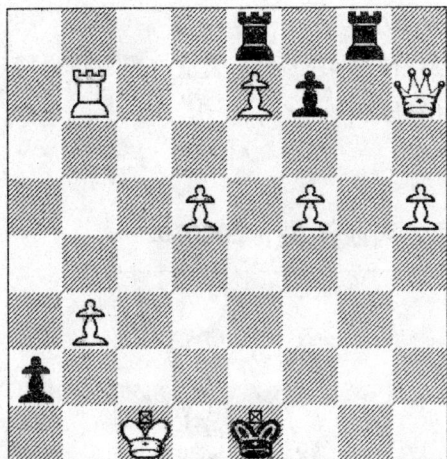

白先胜

作者是俄罗斯排局家。

白方子力大优，但白王位置不理想，黑方的 a2 兵在黑车支持下极具威力。就在"黑云压城城欲摧"的危急时刻，强烈的反击意识和敏锐的战术眼光使白方反败为胜。

1. 王 b2

不能草率地走 1. 车 a7?，因 1. … 车 c8+ 2. 王 b2 车 g2+ 3. 王 a3 a1 后+，黑方胜定。

1. … 车 a8 2. 王 a1 车 g1

黑王退回第 2 横排即成杀势，白方已无法直接阻拦。

3. 后 g7!

弃后解杀，并将一个黑车引入不利位置。

3. … 车×g7

黑方若 3. … 车 f1 拒吃，白方可应以 4. 后 g2，立即化险为夷。

4. e8 后+! 车×e8 5. 车 e7+!

迅雷不及掩耳之势，白方快速连续弃子，强行引入第二个黑车，使局势发生巨大变化。

5. … 车×e7

黑子分值已呈压倒优势，但子力结构存在致命缺陷，白方的战术打击接踵而至。

135

6. f6! 车 e8

或者是 6. … 车 g8　7. f×e7 f5　8. d6 f4　9. d7 等。深远推进的相连通路兵，可战胜对方的车。

7. f×g7 f5　8. h6 f4　9. h7

巨大子力优势又将回到白方手中，野旷天清，黑方再也掀不起风浪。实际对局时，注意优势转换是很有益的。

第 122 局

谢·特卡琴科、尼·列兹沃夫，2000 年

白先胜

作者是乌克兰著名排局家，二人经常共同从事创作，前者为排局国际特级大师。

黑方有子力优势。白方立即 1. e8 后不能取胜，黑方可应以 1. … 后×a1。

1. 车 g1+　王 h6

伏 2. … 后×g7#，白兵来不及升变，白方面临考验。

2. 象 e8!

白车保护白马解杀，并产生 3. 车 g6#的反威胁。白象至 e8 掩护白王是唯一正确的选择，其他变化如下：2. 象 b1? 后 b8+　3. e8 后 车 f8+!　4. 后×f8 后×f8#；2. 象 h7 后 b8+　3. 象 g8 车 e4　4. 马 f5+ 王 h5　5. 马 g3+ 王 h6!（5. … 王 h4　6. 马×e4 后 e5+　7. 车 g7 后×e4　8. 象 d5! 后 e3　9. 象 c6 后 h6+　10. 车 h7）6. 马 f5+，白方只得长将和；2. 象 h5 车 f6 等。

2. … 后×g7+!

黑方清醒地意识到危险，决定立即弃后求和。如改走 2. … 车 g4，经

3. 车 h1+！（3. 车×g4 后×g7+　4. 车×g7，黑方达到目的）3. … 王 g5　4. 车 h5+ 王 f4　5. 车×e5 王×e5　6. 象 h5，白方速胜。

3. 车×g7　车 f8+　4. 车 g8

若 4. e×f8 后，成逼和。

4. … 车 f7！

黑方希望 5. 象×f7，或 5. 车 g7　车 f8+双方重复不变。

5. 车 g4！

制胜的又一关键，用意是将黑车引入不利的 g4 格。

5. … 车 h7+

现在 5. … 车 f8+已行不通，因 6. e×f8 升后带将杀。黑车从另一方向寻求机会。

6. 王 g8　车 g7+　7. 王 f8！

白方反弃车。这时 7. … 车 g8+，可续以 8. 车×g8，黑方只得接受弃子。

7. … 车×g4　8. 象 g6！

白象返回控制 e4 格，显示出第 5 步棋的功效。

8. … 车 f4+　9. 王 g8

白兵必定升变，成理论胜势。

第二章　白先和排局

棋弈培养我们的竞争意识与进取精神。世界冠军费舍尔指出："应当不断地寻求取胜途径，否则对局就无意义了。"这是完全正确的。

但对弈是极为复杂的过程，任何棋手都难免犯错误，一旦处于劣势，要运用防御能力以避开失败。在这种前提下，寻求和局的排局也有参考价值。

第一节　理论和棋

这类排局以白方为例。当出现输棋危险时，设法转入已知的理论和棋局势，使对方失去取胜机会。

看一个简单的例局：

约·万丘拉，1917 年

白先和

1. 车 g1　马 b1　2. 车 g4!　a1 后　3. 车 a4　马 a3　4. 车×a3+　后×a3

5. 马 c4+　王 d4　6. 马×a3

第 123 局

理·列蒂，1921 年

白先和

此为捷克国际特级大师的传世佳作，至今仍受到广泛地赞赏。

超小型排局。黑王位于白兵的方形区内，白王却落后黑兵两格，似乎白方应当认输了，对抗已无意义。但排局艺术大师注意到棋盘上几何学的特性，对于王来说，不同于两点间直线距离最近，两格之间步数相当的线路会有许多条，这是因为王既能直走也能斜走一格的缘故。在本例中，白王由 h8 格至 h2 格，用 6 着棋的走法多达 51 种！就是说，在为白王选择路径时，有条件兼顾到第二目的，解题的关键即在于此。

1. 王 g7!

以王 h7 追赶黑兵当然来不及。

1. … h4　2. 王 f6!　王 b6

为什么要这样走？因为白王至 f6 抱有双重目的：拦截黑兵和支援白兵。黑如 2. … h3，经 3. 王 e7　h2　4. c7　王 b7　5. 王 d7，或 3. … 王 b6　4. 王 d7，双方各自使兵升变成和。

3. 王 e5!

仍是一箭双雕的走法。

3. … 王×c6

或 3. … h3　4. 王 d6　h2　5. c7　王 b7　6. 王 d7　h1 后　c8 后+。为消除白兵的反击，黑王花费了两个步拍，使白方在时间上得到补偿。

4. 王 f4

白王进入黑兵的方形区，和局已定。

4. … h3　5. 王 g3 h2　6. 王×h2

这个排局一经发表，引起棋界的强烈反响，影响所及超出兵类残局的范围。

列蒂自己也不断深化他的题材，这里顺便介绍一个形式上更加奇巧的作品，是他在 1928 年创作的。与本例相比，黑 h5 兵移 h6，增加黑 g7、f6 两个兵，白王由 h8 格改置于 h5 格：

1. 王 g6 王 b6（1. … f5　2. 王×g7 f4　3. 王 f6 f3　4. 王 e7，或 1. … h5 2. 王×g7 h4　3. 王×f6）2. 王×g7 h5（2. … f5　3. 王 f6 f4　4. 王 e5 f3 5. 王 d6）3. 王×f6 h4　4. 王 e5，下略。

第 124 局

格·马蒂松，1918 年

白先和

作者是拉脱维亚著名棋手、杰出的排局家。

这个超小型排局鲜明地反映出制胜格规则的实用价值。每个通路兵的前方都有属于它的制胜格，兵向前推进，制胜格也相应前移，兵越过中线，制胜格数量会增加——边兵情况不尽相同。强方的王进入己方兵的制胜格，即能引导兵升变，若受到对方王的阻挠，则达不到目的。

这里白兵显然要丢失，对局的结果取决于制胜格之争。

1. g6!

f7 黑兵的制胜格为 e5、f5、g5 格，经 1. f5 王×g5　2. f6 王×f6　3. 王 g2 王 f5　4. 王 f3 f6!，黑王利用后备步拍保住对位权，此后必将占据 f6 兵的一个制胜格，黑方胜定。或者是 1. 王 g2 王 g4　2. g6 f×g6　3. f5 g×f5!（3. …

140

王×f5？　　4. 王 f3）4. 王 f2　王 f4，白方也输。

1. … f×g6

如 1. … 王×g6　2. 王 g2，迅速成和棋。

2. f5！

再次弃兵迫使黑兵前移，是求和的关键。改走 2. 王 h2 及 2. 王 g2，皆是黑胜。

2. … g×f5

黑兵由 f7 前进两步，其制胜格变为 e3、f3、g3，白方精确行动，已能够阻止黑王的入侵。

3. 王 g1！

王占据对位是争夺各种关键格位的有效手段，爱好者应当掌握。若 3. 王 h2？王 h4　4. 王 g2　王 g4　5. 王 f2　王 f4，白方只得给黑王让路。

3. … 王 g5

在 3. … 王 g4 时，白方接走 4. 王 g2　王 f4　5. 王 f2。

4. 王 f1！

求和的又一关键。因 f5 格被黑兵占据，黑王无法继续保持远距离对位，对位权将转入白方手中。

4. … 王 h4

或 4. … 王 g4　5. 王 g2 及 4. … 王 f4　5. 王 f2。

5. 王 f2！王 g4　6. 王 g2　王 f4　7. 王 f2

黑王无法侵占黑兵的制胜格，和局已定。

41 年后，在世界冠军候选人赛的一局棋中形成如图局势，未来的世界冠军、16 岁的美国特级大师费舍尔自信地守成和棋：55. … 车 c8！56. 车×c8 王×c8　57. 王 c4　王 b8！。

第 125 局

奥·佩尔瓦科夫，2000 年

白先和

作者是俄罗斯著名排局家。

超小型排局貌似简单，实际上包含着深邃内容。白方为求和，需排除一些假象的迷惑。技术上，要考虑到双方的兵将要或已经连续升变时的不同变化。

1. 王 g5！

这步棋看起来有些古怪。白方为什么不立即吃黑 f5 兵？因为 1. 王×f5 b5 2. d4 b4 3. d5 b3 4. d6 b2 5. d7 b1 后+ 6. 王 e6 后 b8 7. 王 e7 后 e5+，白兵在中路白方是输棋。改走 1. 王 e5 也不好，经 1. … b5 2. d4 b4 3. d5 b3 4. d6 b2 5. d7 b1 后 6. d8 后 后 e4+ 7. 王 f6 后 h4+，白后被抽吃。

若直接 1. d4 f4 2. d5 f3 3. d6 f2 4. d7 f1 后+ 5. 王 e7，黑方简单应以 5. … 后 d3 6. d8 后 后×d8+ 7. 王×d8 b5 取胜。

1. … b5

f5 兵受阻，黑方寄希望于 b 兵。另一变化是 1. … 王 b3 2. 王×f5 王 c3 3. 王 e5！（列蒂式一箭双雕的好棋）3. … b5（或 3. … 王×d3 4. 王 d5 b5 5. 王 c5）4. d4 b4 5. d5 b3 6. d6 b2 7. d7 b1 后 8. d8 后，和局。

2. d4 b4 3. d5 王 b5 4. d6

如果走 4. 王 f6？（4. 王×f5？b3 5. d6 b2 6. d7 b1 后+）4. … 王 c5！5. 王 e6 b3 6. d6 b2 7. d7 b1 后 8. d8 后，黑方应以 8. … 后 e4+ 9. 王 f7（9. 王 f6 后 h4+）9. … 后 d5+！10. 后×d5+ 王×d5，白负。

4. … 王 c6 5. 王×f5！

又是一着两用的好棋。

5. ··· b3

或 5. ··· 王×d6　6. 王 e4，白王及时进入 b4 黑兵的方形区。

6. 王 e6! b2　7. d7 王 c7　8. 王 e7 b1 后　9. d8 后+

白方达到求和的目的。

第 126 局

姆·米哈伊洛夫，1953 年

白先和

作者是保加利亚排局家。

白方已无力阻止黑兵升变，而黑兵升变之后立即威胁将杀白王，使白方处境更加危急。怎样才能求得和棋？

1. 马 e5!

当然不能 1. g7? c1 后　2. g8 后 后 h1#。

1··· 王×e5

只好让白王获得一定解脱。若 1. ··· c1 后??　2. 马 d3+，白方胜定。

2. g7 c1 车!

思维灵活，避免 2. ··· c1 后?　3. g8 后 后 h1+　4. 王 g5 后 g2+　5. 王 h6 后×g8 成为逼和。

3. h6!

现在，经 3. g8 后 车 h1+　4. 王 g5 车 g1+　5. 王 h6 车×g8　6. 王 h7 车 g5 7. h6 王 f6　8. 王 h8 王 g6　9. h7 车 h5，白方要输。

3. ··· 王 f6　4. g8 马+!

白兵也弱升变，避开 4. g8 后? 车 h1+　5. 王 g3 车 g1+。

4. … 王 f7

或 4. … 王 g6 5 马 e7+。

5. h7 车 h1+ 6. 王 g5 车×h7 7. 马 h6+

白马得到白王接应，逃出樊笼，成为理论和棋。

第 127 局
亚·萨雷耶夫与康·萨雷耶夫，1928 年

白先和

作者是阿塞拜疆排局家、孪生兄弟。亚历山大·萨雷耶夫有排局国际大师称号。

原作起始部分多 3 个回合，因给人画蛇添足的感觉，自 20 世纪中叶以来，广泛流传的是此构图。

白兵虽抵达第 7 横排，但黑象可进入 h3—c8 斜线攻击到 c8 格，且能由这个格子保护住黑兵，似乎白方该认输了。例如 1. c8 后 象 f5+ 2. 王 c7 象×c8 3. 王×c8 b5，或 1. 王 d6 象 f5 2. 王 c5 王 e4 3. 王 b6 象 c8 4. 王 a7 b5 5. 王 b8 象 d7 等；在 1. 王 e6 时，黑方使王退回第 4 横排，即保证黑象进入 f5 格取胜。

"钻坚求通，钩深取极"，深入思考会发现黑兵若已推进，白方反而得到求和机会：黑兵在 b6 或 b5 时，只需 1. 王 c6 便达到目的。黑兵若在 b4 呢？

1. 王 c8！！

看起来非常古怪，实际上是十分精妙的着法。白王暂时自阻 c7 兵升变，意在逼迫黑兵向前推进，使之与黑象失去联系，为实现一石二鸟的策略创造条件。

1. … b5

如走 1. … 象 e4，白方应以 2. 王 b8 象 f5 3. 王×b7。

2. 王 d7！

当然不能走 2. 王 b7？ 象 f5 3. 王 c6 b4，黑兵扬长而去。

2. … b4

改走 2. … 象 f5+ 3. 王 d6 b4，以下同主变。与起始图形相比，黑兵由 b7 进至 b4，反而包含着不利因素，白王一旦攻击到它，黑象已无法有效进行保护。

3. 王 d6

白方开始追讨因白王进而复退带来的时间损失。伏 4. c8 后，赢得一个步拍。

3. … 象 f5 4. 王 e5

白王攻击黑象，再赢得一个步拍。

4. … 象 c8

经 4. … b3 5. 王×f5 也是和棋。

5. 王 d4

白王进入黑兵的方形区。

5. … 象 e6 6. c8 后 象×c8 7. 王 c4

和局已定。

第 128 局

塞·洛伊德，1860 年

白先和

美国棋手塞缪尔·洛伊德是棋史上最著名的排局家之一，主要从事限着杀王排局的创作。

在马对象类的残局中，马方经常采用断路的手段使兵升变。这里，黑方打算走王 g1 再马 g2，切断白象对 h1 格的控制。白方若随手走 1. 象 c6+？ 王 g1，正如黑方所愿。

1. 象 d7!

似劣实佳的着法。白方主动逼黑兵进至第 2 横排，为弃象囚禁黑王创造条件，是整体求和计划的必要环节。

1. … h2

黑方再走王 g1 就胜定了，但轮到白方行棋。

2. 象 c6+ 王 g1 3. 象 h1!

白象抢在黑马侵入 g2 格之前，自投罗网，目的在于把黑王引入不利位置。

3. … 王×h1

黑方不接受弃子，也无法取胜。例如，3. … 马 g2+ 4. 王 e2 马 f4+ 5. 王 e1 等。在 3. … 马 f5 时，白象相应撤离角格即可守和，因黑马下步棋来不及至 g2 断路。

4. 王 f2!

"同色规则"：在此类局势，王应进入与马同色的格子，否则要输棋。经 4. 王 f1? 马 f3 5. 王 f2 马 d2!，白方只得放黑王脱离角格。

4. … 马 f3 5. 王 f1 马 d2+ 6. 王 f2 马 e4+ 7. 王 f1

由于马不能线性走动，每着棋必定改变立足格的颜色，缺少转让先行权的能力，和局已定了。

第 129 局

阿·达尼埃尔，1934 年

白先和

作者是英国著名排局家，职业为药剂师，1945~1947 年任英国排局家协会主席。

小型排局。黑 b2 兵即将升变，白方子力分散，距离遥远，行动也受黑子限制。上下求索，能否求和？

1. 马 f5+ 王 e5　2. 象 e4！

虽然黑王保持对 e4 格的监控，白象仍强行进入，以便在兑子之后使白马迅速调向后翼。

2. …　王×e4

若 2. …　象 c5　3. 象 b1，简单成和。

3. 马×d6+ 王 d5

或者是 3. …　王 d4　4. 马 b5+ 王 c4　5. 马 a3+ 王 b3　6. 马 b1，结果同主变。

4. 马 b5！ 王 c4

如 4. …　b1 后，则 5. 马 c3+击双。

5. 马 a3+ 王 b3　6. 马 b1

当有黑兵进至 a3、h3 或 b2、g2 时，白马只要能够安全占据兵前面的格位（a2、b1 等），即可独自有效防守。

6. …　王 c2　7. 马 a3+！

这里 7. 马 d2？ 是败着，因 7. …　f3+！　8. 王 e1 f2+　9. 王 e2 f1 后+，黑方胜定。

7. …　王 b3　8. 马 b1 王 a2　9. 马 d2

理论和局。

第 130 局

拉·普罗克什，1941 年

白先和

作者是捷克国际象棋大师、排局家，有著述。

超小型排局。黑方有重大子力优势，但黑王远离主战场，白方两个分散的通路兵牵制着黑车的行动，暂时可以互保，白王若能前去支援，即出现和棋机会。

1. 王 f4 王 g7

黑方不能走1. … 车 c8　2. 王 e5 车×c7?? 因3. a8 后+。

2. a8 后！

弃兵引离黑车。若2. 王 f5？王 f7，黑方胜定。

2. … 车×a8　3. 王 e5 王 f7　4. 王 d6 王 e8　5. 王 c6

形成有意思的局面。黑方面临6. 王 b7 的威胁。

5. … 车 c8　6. 王 d6！

必须控制黑王。如6. 王 b7？王 d7，白负。

6. … 车 a8

黑车空间不足，只得回至a8。

7. 王 c6 王 e7　8. 王 b7

黑车受攻，黑方已无法取胜。

第 131 局

阿·特罗伊茨基，1935 年

白先和

作者是俄罗斯著名排局家，1928 年荣膺"俄罗斯功勋艺术家"称号。

复杂的车类残局，黑方有子力优势，白方行动精确才能求得和棋。

1. e6

抓紧时间进兵，是唯一的选择。如 1. 车 g7 先行防守，经 1. … e3 2. 车×g4+ 王 f2 3. 车 f4+ 王 g3 4. 车 e4 王 f3 5. 车 h4 车 d3+! 6. 王 c5 e2 7. 车 h1 车 d1 黑胜。

1. … 车 d3+

不可走 1. … e3 2. e7 车 d3+，因 3. 王 c5 白胜。

2. 王 e5

使王进入中心，并保持白车活力。改走 2. 王 c5 车 d8 3. e7 e8，白方无法求和：4. 王 d6 e3 5. 车×c4 g3 6. 车 e4 王 f2 7. 车 f4+ 王 g2 8. 车 f6 e2 9. 车 e6 王 f3 10. 车 f6+ 王 e3 11. 车 e6+ 王 d3，或 4. 王×c4 e3 5. 王 d3 王 f2 6. 车 c2+ 王 f3 7. 车 c7 e2 8. 王 d2 王 f2 9. 车 c1 车×e7，或 4. 王 d4 王 f2 5. 王×e4 g3 6. 车×c4 车×e7+ 7. 王 f5 g2 8. 车 f4+ 王 g3 9. 车 g4+ 王 h3，等等。拆解这些变化，对提高车类残局技能是有益的。

2. … e3

这时 2. … 车 d8 3. 王×e4 g3 4. 车×c4，简单成和。

3. 车×c4

当然不能 3. e7 e2 4. e8 后 e1 后+。

3. … e2

在 3. … g3 时，白方应以 4. e7 e2 5. 车 e4。

4. 车×g4+

如 4. 车 e4，则 4. … 王 f2 5. e7 e1 后 6. 车×e1 （6. e8 后 后×e4+ 7. 王×e4 车 e3+） 6. … 王×e1 7. 王 f4 车 f3+ 8. 王 e4 王 e2，伏 9. 车 e3+，黑方胜定。

4. … 王 f2 5. 车 f4+ 车 f3 6. 车 e4 车 e3 7. 车×e3 王×e3 8. e7 e1 后

似乎黑方已胜券在握……

9. 王 e6!

防 9. e8 后？王 d3+击双，并伏 10. e8 后，以下视黑王的走向来选择白王的藏身之处。

9. … 王 d4+

或 9. … 王 f4+ 10. 王 f7!。

10. 王 d7!

在此类残局，白兵位于中线一般是输棋。这里，黑后行动受黑王所阻，无法利用将军逼近白兵，出现巧合。

第 132 局

弗·科罗利科夫，1962 年

白先和

俄罗斯排局国际特级大师的作品，充分显示出其清新俊逸的风格。

白方已无力阻止黑兵升变，必须将希望寄托在白兵身上，尽管这个希望看起来相当渺茫，不但存在黑马的障碍，而且黑兵升变之后立即产生于 g3 格构杀的威胁，这些需要逐步排除和化解。

1. 车 a8！

唯一的反击途径。

1. … e1 后

只有如此。若 1. … 马×a8 2. c8 后 e1 后 3. 后×a6+，简单成和。在 1. … 马 c8 时，白方可应以 2. 车×a6+ 王 b1（2. … 王 b3 3. 马 d4+；2. … 王 b2 3. 马 f4 e1 后 4. 马 d3+）3. 马 d4 e1 后 4. 车 a1+！王×a1 5. 马 c2+ 王 b2 6. 马×e1。

2. 车×a6+ 马 a4！

黑方弃马意在恶化白车的位置。改走 2. … 王 b2 3. 车×b6+ 王 a3 4. 车 b3+！王×b3（4. … 王 a2 5. c8 后）5. 马 d4+，以下同主变。

3. 车×a4+ 王 b2 4. 车 b4+！王 a3

或 4. … 后×b4 5. c8 后。黑王当然不能进入 c 线，因白兵升变带将军。而现在，白方似乎一切手段皆已用尽，要输棋了。实际上并非如此，仍藏有柳暗花明的精妙着法。

5. 车 b3+！

150

强行引入黑王。

5. … 王×b3 6. 马 d4+ 王 a4 7. 马 e2！！

马的潜能高度显现，既守护 g3 格，又监控住关键的 c1 和 c3 格，使黑后不能进入。马对后的这种控制能力，值得注意。

7. … 后×e2 8. c8 后 后 h2+ 9. 王 g4 后 g3+ 10. 王 h5

白王脱离险境，黑方失去取胜机会。

这个排局受到公众广泛赞赏，可列为经典之作。

第 133 局

亚·库兹涅佐夫，1978 年

白先和

作者是俄罗斯排局国际大师，园艺家。

超小型排局。黑方子力占优，且威胁将杀白王，幸好白方可利用通路兵及战术手段求得和棋。

1. b5+

不可消极地走 1. 车 d8？因 1. … 后 c6+ 2. 王 b8 后 b7#。

1. … 王 a5

如果走 1. … 王 b6，经 2. 车 d6+！后×d6，成为逼和。

2. b6+ 王 a6

或 2. … 王×b6 3. 车 d6+。2. … 王 b4 3. 车 d6+（或 b7），黑方也不能取胜。

3. b7 后 c6 4. 车 d7！

错误的是 4. 车 b5？后×b5 5. b8 后 后 c6+ 6. 后 b7 后×b7#；或 4. 车 a5+？

151

王×a5　5. 王 a7　后 a6+　6. 王 b8　王 b6。

4. … 王 b6

在 4. … 后×d7 时，白方接走 5. b8 马+。

5. 车 d6!

其他走法都输，例如 5. 车 e7　后 a4+　6. 王 b8　后 c4　7. 车 g7　后 f4+
8. 王 a8（8. 王 c8　后 f8+　9. 王 d7　后×g7+）8. … 后 a4+!　9. 王 b8　后 e8#。
现在黑后被牵制，黑方必须接受弃子。

5. … 后×d6　6. b8 后+　后×b8+　7. 王×b8

和棋。

第 134 局

埃·波戈相茨，1959 年

白先和

作者是俄罗斯排局国际特级大师。

小型排局，构图简明。黑方子力大优，伏 1. … 后 h4#并攻击着白马。如
1. g3+? 王 f3，黑方胜定。因此，白方应考虑利用战术组合求得和棋。

1. 车 e4+ 王 g5　2. 车 e5+! 王 h6

如果吃车，黑后要丢。2. … 后×e5　3. 马 f7+，或 2. … 马×e5　3. 马 e4+。

3. 车 h5+!

再次利用引入。

3. … 王×h5

若 3. … 王 g7，则 4. 马 e8+击双。

4. g4+

白方所有子力皆投入战斗。

4. … 王 h6

在 4. … 王 g5 时，接走 5. 马 e4+。

5. g5+！

凌厉的打击，黑后已难逃厄运。

5. … 后×g5

或 5. … 王×g5　6. 马 e4+。

6. 马 f7+　王 h5　7. 马×g5

引入加击双的组合尽显威力，很好的战术练习题。

第二节　长　将

国际象棋不同于中国象棋，由于王的活动空间不受类似"九宫"的限制，规则上长将算作和棋。实际对局中，一方处于劣势时，应想到利用此条规则，以寻求最后的机会。对排局创作，这也是较为常见的题材。

简介例局：

济·比尔诺夫，1954 年

白先和

1. 象 c1！马×c1　2. 马 e3 b2　3. 马 c4 b1后　4. 马 d6！

黑方无法有效阻止 5. 马 e7+　王 f8　6. 马 g6+　王 g8　7. 马 e7+长将。

第 135 局

安·施罗恩，1952 年

白先和

作者是法国国际象棋大师，曾三次获得全法锦标赛冠军。他也是一位残局理论专家和排局国际大师。

双方子力相当，黑 e 兵将迅速冲向升变格，白方应利用黑王欠缺活动空间，组织长将和。

1. 王 f7!

进一步限制黑王行动，并为白马腾空 f6 格。在马类残局中，借将军赢得时间调动子力是常见的手段。

1. … e3　2. 马 f6+　王 h8　3. 马 d5!

正确的选择。当黑兵在 h6 时，白马可在 g6 与 f8 格连续将军，因此，白方不能给黑方喘息机会，使之进兵至 h5。3. 马 g4 是错棋，因 3. … e2　4. 马 e5 e1 后？　5. 马×g6+虽成和，但黑方有 4. … 王 h7! 的好棋，经 5. 马×g6 h5 6. 马 f8+ 王 h6，或 5. 马 f3 h5　6. 王 f6 h4，黑方胜定。

3. … e2　4. 马 f4 e1 后

黑方已来不及走 4. … 王 h7。

5. 马×g6+ 王 h7　6. 马 f8+ 王 h8　7. 马 g6+

长将和棋。

第 136 局

季·戈尔吉耶夫，1936 年

白先和

作者是俄罗斯著名排局家，职业为医生。

双方子力相当，黑兵距离升变格较近，白马远离主战场，似乎白方已无力挽回颓势。

1. 马 g6！

迅速调马回防，寻求机会。若 1. c6？马 e3！ 2. c7+ 王 c8 3. 马 g6 马 d5+ 4. 王 c6 c2！，或 3. 马 f7 马 c4+ 4. 王 c6 c2，黑方胜定。

1. … 马 b4！

现在 1. … 马 e3？ 2. 马 e5 马 c4+ 3. 马×c4 c2 4. c6 c1 后 5. c7+ 王 c8 6. 马 d6+ 王 d7 7. c8 后+ 是和棋。

2. 马 f4 马 d5+！

引离白马，不让其回至 e2 格。

3. 马×d5 c2 4. c6 c1 后 5. c7+ 王 a8

白方该认输了？因为经 6. 马 e7 后 e3+ 7. 王 c6 后 e6+ 8. 王 b5 后 d7+ 9. 王 b6 后 d6+ 10. 马 c6 后 e6！白方陷入困境。例如 11. 王 c5（11. 王 b5 后 c8）11. … 后 e3 12. 王 d6 后 d3+，再 13. … 王 b7。

6. c8 后+！

白方强行将黑后引入不利位置，使之阻挡黑王的出路。

6. … 后×c8 7. 马 c7+ 王 b8 8. 马 a6+ 王 a8 9. 马 c7+

和局。

第 137 局

格·萨霍佳金，1951 年

白先和

作者是俄罗斯著名排局家。他曾参加卫国战争，获得光荣勋章。

白方多一象，但 b6 兵妨碍黑格象监控 g1 格，面临输棋危险。

1. 象 d7+

白格象率先投入战斗，为黑格象参战创造有利时机。

1. … 王 b3 2. 象 e6+ 王 c2 3. 象 f5+ 王 d1

如走 3. … 王 c3，白方续以 4. 象 f6+ 王 c4 5. 象 e6+ 王 c5 6. 象 e7+ 王 c6 7. 象 d7+! 王 d5 8. 象 e6+! 王×e6 （8. … 王 d4 9. 王 b5）9. 象 c5，白象守住 g1 格成和。

4. 象 g4+ 王 e1

或者是 4. … 王 d2 5. 象 g5+ 王 d3 6. 象 f5+ 王 d4 7. 象 f6+ 王 d5 8. 象 e6+! 王 e4 9. 象 f5+ 王×f5（9. … 王 e3 10. 象 e7）10. 象 d4。

5. b7!

使黑格象从另一方向投入战斗。

5. … g1 后 6. 象 a5+ 王 f1

若 6. … 王 f2，则 7. 象 b6+击双。此后，白王也不能进入 g1—b6 斜线。

7. 象 h3+ 王 e2 8. 象 g4+ 王 d3 9. 象 f5+ 王 c4 10. 象 e6+

黑王摆脱不了长将。

第 138 局

伊·赫瓦尔切夫，1949 年

白先和

作者是乌克兰排局家。

白方有子力优势，但黑方 a 线的通路兵是心腹之患，已难以阻拦，白方求和须寻求其他途径。

1. 马 g6!

尽快协调子力。白象孤掌难鸣，无力对付两个黑兵。例如 1. 象 f3 a3 2. 象 d5+ 王 b1 3. 马 g6 f3 4. 马 e5 f2 5. 象 c4 a2，黑方胜定。

1. … a3 2. 马×f4 王 b1

若 2. … 象×f4 3. 象 f3，立即成和。

3. 马 e2!

经 3. 马 d5 象 d2! 4. c3 a2 5. 象 c2+ 王 b2，白方要输。

3. … 象 b2

现在 3. … 象 d2 4. 马 d4 a2 5. 马 b3，是和棋。

4. c3 a2 5. 马 d4! a1 后

否则白方走 6. 马 b3 守和。

6. 象 c2+ 王 a2

在 6. … 王 c1 时，接走 7. 马 b3+击双。

7. 象 b3+ 王 b1

或 7. … 王 a3 8. 马 c2+。

8. 象 c2+

长将和。

第 139 局

阿·库兹涅佐夫，1962 年

白先和

作者是俄罗斯著名排局家、国际象棋大师，多年从事排局专栏的编辑工作。

白方兵形散乱，无力久战，为求和先利用闪击的战术手段。

1. 车 g7+！

错棋是 1. 象 f4，因 1. … 后 f3（1. … 王×h6？ 2. 车 g1+）2. 车 g7+ 王 h8 3. 象 d2（3. 象 e5 后 e2+）3. … 后 e2 4. 王 c1 象 b3，或 2. 象 d2 后 f6+ 3. 王 c2（3. 象 c3 后 f2+）3. … 后×h6 4. 车×d5 后 c6+，皆为黑胜。

1. … 王×h6

在 1. … 王 h8 时，接走 2. 象 e5。

2. 象 f8 王 h5

只得如此。不能走 2. … 后 f3？ 3. 车 f7+，及 2. … 后×h2+？ 3. 车 g2+。

3. 车 g5+ 王×h4 4. 象 e7 王 h3 5. 车 g3+ 王×h2 6. 象 d6

现在伏 7. 车 g8+ 王 h3 8. 车 h8+的威胁。

6. … 象 g2

使黑王可躲至 g1 格。若 6. … 后 d1 7. 车 g5+ 王 h3 8. 车×d5 后 f3 9. 车 d4 后 f6 10. 王 c3，白子协调行动，黑方无法取胜。

7. 车 f3+！

必须控制黑王的出路。错觉是 7. 车 e3+ 王 g1 8. 车 e1+ 象 f1，白负。

7. … 王 g1 8. 象 c5+ 王 h2 9. 象 d6+ 王 g1 10. 象 c5+

白方达到目的。

第 140 局
弗·科罗利科夫、维·切霍维尔，1950 年

白先和

此为两位俄罗斯著名排局家的共同创作。前者是排局国际特级大师，后者是国际排局大师及国际象棋大师。

超小型排局，有实用参考价值。

1. 王 g8！

预见到一个黑兵将要升变，白方事先使王控制住 f7、g7、h7 格，为白车以后进行长将创造条件。其他走法皆输，例如 1. 车 e7+ 王 f2 2. 王 g8 h3 3. 车 h7 王 g2 4. 车 g7+ 王 h1！ 5. 车 f7 h2 6. 车×f3 王 g2 7. 车 f7 h1 后 8. 车 g7+ 王 f3，黑方胜定。

1. … f2 2. 车 e7+

若是 2. 车 f7，黑方可应以 2. … h3，赢得一个重要的步拍，伏 3. … h2。经 3. 车 e7+ 王 d4 4. 车 f7 h2，或 4. 车 d7+ 王 e5 5. 车 d1 h2 6. 王 g7 王 f4，白负。

2. … 王 f3

这时 2. … 王 d4，白方接走 3. 车 f7。

3. 车 f7+ 王 g3

试探白方应着。如 3. … 王 g2 4. 车 g7+ 王 f1 5. 车 h7，迅速转入主变。

4. 车 g7+ 王 h3 5. 车 f7 王 g2 6. 车 g7+ 王 f1

白方保持王和车的结构，黑方只得使出最后手段。

7. 车 h7 h3 8. 车×h3！ 王 g2 9. 车 h7！

胸有成竹。

9. … f1 后

与前面注释中的变化相比，黑后出现在 f1 格，黑王已不能进入 f 线，因白车可至 f7 格击双。

10. 车 g7+ 王 h3 11. 车 h7+ 王 g4 12. 车 g7+ 王 h5 13. 车 h7+ 王 g6 14. 车 g7+ 王 h6 15. 车 h7+

长将和。

第 141 局

弗·贝格，1929 年

白先和

作者是德国排局家，也参加对局比赛，这个排局的素材即产生于他的实践。

双方子力相当，黑 b2 兵使白方面临输棋的危险。

1. 车 d8+！

积极寻觅机会。如改走 1. 车 d1？，经 1. … 马 c3 2. 车 e1 马×e2+！ 3. 王×f5 马 c1 4. 车 e8+ 王 b7 5 车 e7+ 王 c6 6. 车 e6+ 王 c5 7. 车 e5+ 王 c4 8. 车 e4+ 王 c3 9. 车 e3+ 王 d2，黑兵得以升变。

1. … 王 a7

在 1. … 王 b7？ 时，白方接走 2. 车 d4！ 马 c3 3. 车 b4+ 王 c6 4. 车×b2，双方形势逆转。

2. 车 d7+ 王 b6 3. 车 d4！

表面伏 4. 车 b4+击双，实际上含意深远，迫使黑王进入第 5 横排，从而为以后白车灵活机动拓展空间。若 3. 车 d6+ 王 c7！ 4. 车 d1 马 c3 5. 车 e1 马×e2+ 6. 王 e3 马 c1 7. 王 d2 b1 后 8. 车×c1+ 后×c1+，黑胜定。

3. … 王 c5   4. 车 d1 马 c3   5. 车 f1！

与第 3 着棋相关联，白车将沿 f 线攻击黑王。

5. … h4

或者是 5. … 马×e2＋ 6. 王 g5！马 c1 7. 车×f5＋ 王 c4 8. 车 f4＋ 王 c3
9. 车 f3＋ 王 d2 10. 车 f2＋ 马 e2 11. 车 f1 马 c1 12. 车 f2＋，也成和棋。

6. 王×f5！h3   7. 王 g4 h2   8. 王 h3！

不可随手 8. 王 g3？，因 8. … h1 后！ 9. 车×h1 马×e2＋ 10. 王 g4 马 c1，
黑胜。

8. … 马×e2   9. 王×h2

经受最后考验：9. 车 b1？ h1 后＋ 10. 车×h1 马 c1。

9. … 马 c1   10. 车 f5＋ 王 c4   11. 车 f4＋ 王 c3

如 11. … 王 b3（11. … 王 d3 12. 车 b4）12. 车 f3＋ 马 d3（12. … 王 a2
13. 车 f2 牵制），白方应以 13. 车 f1！（13. 车×d3＋？ 王 c2）13. … 马 c1 14. 车 f3＋；
黑方改走 13. … 王 a2 或 13. … 王 c2，白方续以 14. 车 g1，似危实安。

12. 车 f3＋

黑方无法有效摆脱长将。白方"深谋远虑"避开败局。

第 142 局

阿·尼姆佐维奇，1923 年

白先和

作者是 20 世纪初世界著名的特级大师及棋艺理论家，晚年居住在丹麦。

在这个小型排局中，特级大师为我们展示出车、马协同进行长将的典型手法。

1. 王 e6＋！

为白车亮出 d 线。当然不能直接走 1. 车 g1？马 e1。

1. … 王 b6

若是 1. … 王×b8，以下为 2. 车 g1！（车 d7？马 c5+）2. … 马 e1 3. 车 g8+ 王 c7 4. 车 g7+ 王 c6 5. 车 d7，黑方要求和。

2. 车 g1

必须将黑马引离后翼。

2. … 马 e1 3. 车 g4！

白车应进入 b4 格与马协作。

3. … d1 后 4. 车 b4+ 王 a5

另一变化是 4. … 王 c5 5. 马 a6+ 王 c6 6. 马 b8+ 王 c7 7. 马 a6+ 王 c6（7. … 王 c8？ 8. 车 b8#）8. 马 a6+。

5. 马 c6+ 王 a6 6. 马 b8+ 王 a7 7. 马 c6+ 王 a6

无可奈何，否则 7. … 王 a8？ 8. 车 b8#，出现中国象棋中类似的"列马车"杀势。

8. 马 b8+

和局。

第 143 局

列·库贝尔，1917 年

白先和

作者是拉脱维亚著名排局家，内容自然较为深邃。

1. 车 d8+

黑双马妨碍白车直接拦阻黑兵，白方首先设法集结子力，以别寻良策。

1. …　王 c5

如 1. …　王 e4，则 2. 车 e8+　王 d5　　3. 车 e1。

2. c7！

弃兵使黑马失去对 b4 格的控制。

2. …　马×c7　　3. 马 d3+　王 b6

在 3. …　王 c4 时，白方有以下战术手段：4. 车 d4+　王×d4　5. 马 b4 a1 后 6. 马 c2+，或 4. …　王 b5　5. 车 b4+　王 a5　6. 马 c1 a1 后　7. 马 b3+。

4. 车 b8+　王 a7

似乎战斗已经结束，但白子仍可迅速协调行动。

5. 马 b4！a1 后　6. 马 c6+　王 a6　7. 马 b4+　王 a5　8. 马 c6+　王 a4

9. 车 b4+　王 a3　10. 马 d4！

形成有意思的局势。黑方子力大优，白车又处于打击之下，和棋竟然无法避免。

10. …　后 f1

黑后至 g1 或 h1，结果也相同。若 10. …后 a2+　11. 马 c2+ 后×c2+ 12. 王×c2　王×b4，成理论和局。

11. 马 c2+　王 a2　12. 车 a4+　王 b3　13. 车 b4+　王 a2　14. 车 a4+

长将和，因黑方不能走 14. …　王 b1　15. 车 a1+　王 b2　16. 车×f1。

第 144 局

尤·库克，1856 年

白先和

此为美国早期的排局创作，内容较简单，但包含解将还将的手段，可供参考。

1. 象 f7+

大错觉是 1. 马 e6+?? 闪击，因黑方可接走 1. … 后×e5+。类似的情况，曾不止一次出现在初学者的对局中。

1. … 王 g4 2. 象 e6+ 王 f4

若 2. … 王 h5，白方仍应以 3. 象 f7+。

3. 车 f5+

黑王至 f4，使白车摆脱黑后的牵制。

3. … 王 g4+

黑方反将。

4. 车 e5+

白方也解将还将。如 4. 王 g2 勉强求变，黑方续以 4. … 后 c6+ 5. 车 d5+ 王 f4 6. 马 h3+ 王 e4。

4. … 王 f4 5. 车 f5+ 王 g4 6. 车 e5+ 王 h5 7. 象 f7+ 王 g4 8. 象 e6+ 王 f4 9. 车 f5+

巧和。

第 145 局

亨·卡斯帕良，1994 年

白先和

作者是世界著名的亚美尼亚排局国际特级大师，发表这个作品时已届 84 岁高龄。

黑方有子力优势，如能顺利集结黑子展开攻击，白方即陷于危机境地。

1. 后 h1+!

趁黑子位置有些散乱，白后先发制人。当然，需要选择正确的途径。这里 1. 后 g7? 象 f5+ 2. 王 a2 马 c6，或 1. 后 f4? 象 e6!，只有助于黑方逐步协调子力。

1. … 王 b8 **2. 后 h2+** 王 c8

不可走 2. … 王 b7，因 3. 后 g2+抽吃 g4 象。

3. 后 c2+！

白后利用将军调向中心格，以获取广阔的机动空间。

3. … 王 d8

若 3. … 王 d7，白方接走 4. 后 e4 象 e6 5. 后 d4+，黑方丢失 a7 马。

4. 后 e4 象 d7

防止 5. 后 d4+击双。

5. 后 a8+！ 马 c8

黑子聚集在一起，已无受损的危险。但黑王被壅塞于底线，活动余地过小，给予白方求和的良机。

6. 后 a5+ 王 e8 **7. 后 h5+** 王 d8 **8. 后 a5+**

形成长将。

第 146 局

米·克利亚茨金，1923 年

白先和

作者是俄罗斯排局家，实战水平也相当高。

黑后将在 c1 格重现，白方应理智地满足于和棋。

1. 后 d7+

如走 1. 后×d6，黑方可接走 1. … 象 f5+ 2. 王 h5 象 g6+ 3. 王 g4 c1 后。

1. … 王 f6 **2. 象 d8+！**

有远见的好棋，预先为白后腾空 a 线。立即 2. 后 d8+? 经 2. … 王 e5

3. 后 h8+　王 e 4　4. 后 h1（4. 后 a8+　d5）4. … 王 d4　5. 后 a1+　王 d5

6. 后 h1+（白象妨碍白后至 a8）6. … 象 e4　7. 后 h5+　象 f5+，黑方胜势。

2. … 王 e5　3. 象 f6+！

贯彻原意，继续为白后腾空第 8 横排。

3. … 王×f6

必须接受弃子，否则 3. … 王 e4？　4. 后 c6+　d5　5. 后×e6#。

4. 后 d8+

边线俱已畅通，白后开始显现高度机动和打击能力。

4. … 王 e5

或 4. … 王 g6　5. 后 g8+等等。

5. 后 h8+　王 e4　6. 后 h1+　王 d4　7. 后 a1+　王 d5　8. 后 a8+　王 e5

9. 后 h8+

长将和棋。黑王的行动轨迹为小正方形，白后的行动轨迹为大正方形。

第三节　逼　和

轮到一方走棋时，王未被对方将军，但包括王在内的所有存余子力按照规则皆不能走动，称为逼和。在初学者对局中，一方因忽略这条规则而丢失半分的场合并不少见。对国际象棋排局创作，也是常见题材。

简单例局：

弗·拉扎尔，1923 年

白先和

1. 马 d4+! 马×d4　2. 马 f5!　马×f5+　3. 王 h3

无论黑象逃至何处，皆成逼和。

第 147 局

莫·济纳尔，1977 年

白先和

作者是乌克兰排局家，对兵类残局有深刻研究。

黑方多一叠兵，通常可以获胜。这里经 1. 王 f3　王 e6　2. 王 g4　王 f6 3. 王 g3　王 f5　4. 王 f3　g5　5. f×g5　王×g5，黑王占据 g7 兵的制胜格，保证其升变为后。白方为求和，需另辟蹊径。

1. f5!　g5

若 1. … g×f5+　2. 王×f5　王 e7　3. 王 g6，成理论和棋。

2. 王 f3

退王，贯彻既定想法。如 2. 王 d4　g4　3. 王 e4　g3　4. 王 f3　王 e5　5. 王 ×g3　王×f5　6. 王 f3　g6!　7. 王 g3　王 g5，黑方胜定。

2. …　王 e5　3. 王 g4　王 f6

白方该认输了？

4. 王 h5!

掌握特殊手段，方显技艺高超。

4. …　王×f5

逼和。

167

类似的构思，早已见于对比赛实践的分析之中。在 1906 年一次国际赛，两位特级大师弈出如图局势，经 1. g×f6？g×f6 2. 王 g4 王 e4 3. 王 h3（3. 王 h5 王×f5 4. 王 h6 王 g4 5. 王×h7 王 h5！黑胜）3. … 王 f4！白方认输。

另一位特级大师以后指出制造逼和的走法：王 g4！（1. g6？h5）1. … 王 e5 2. g6！h6（2. … h×g6 3. f×g6 f5+ 4. 王 g5 f4 5. h5 f3 6. h6 g×h6+ 7. 王×h6 f2 8. g7）3. 王 h5！王×f5，白方挽回半分。

第 148 局

安·林克，1912 年

白先和

作者是法国排局艺术大师。

黑方多一通路兵，白方形势危急。

1. 王 g3

首先必须化解 1. … 王 h2 的威胁，同时暗中缩小白王的活动范围。

1. … h5　2. e4　王 g1

黑方等待白方走 3. 王 f4，以便 3. … 王 f2 轻松取胜。

3. e5！

强行引入黑兵，使之控制 f4 格。

3. … d×e5

出现逼和，别无选择。3. … d5？ 4. e6　d4　5. e7，白方胜定。

第 149 局

因·弗里茨，1940 年

白先和

作者是捷克排局大师，久享盛名。

黑方多一马，看似胜券在握，但白王位置有利。可以巧和。

1. 王 b3　马 g5

如改走 1. … 王 g6　2. 王 c4　王 f5　3. 王×d4　王 e6，由于黑 b7 兵在低位，白方将应以 4. 王 c4，例如 4. … 王 d7　5. d4　马 f6　6. d5　王 c7　7. 王 d4，或 4. … 马 f6　5. 王 b5　马 d5（5. … 王 d7　6. 王 b6　王 c8　7. c6）6. c6　b6　7. c7　王 d7　8. c8 后+ 王×c8　9. 王 c6，也是和棋。

2. 王 c4　马 f3

黑方保住 d4 兵。现在 3. 王 b5　马 e5　4. 王 b6　马×d3，黑方胜定。

3. 王 d5！

伏 4. 王 e4，迫使黑王限制白王行动。

3. ⋯ 王 g5 4. 王 e4 王 g4 5. c6!

贯彻既定想法。若 5. 王 d5 王 f4 6. 王 c4 王 e3，白负。

5. ⋯ b×c6

白王在盘心构成逼和。

第 150 局

列·库贝尔，1924 年

白先和

此为排局艺术大师创作的小型排局。

白方子力亏损，用常规手段已无法求和，应考虑寻求特殊途径。

1. e7!

弃兵引离黑王，为攻击黑兵制造条件。

1. ⋯ 王×e7

另一变化是 1. ⋯ 象 d7 2. 王 f8 王 g5 3. e8 后 象×e8 4. 王×e8 王 h4
5. 王 f7 g5 6. 王 g6，简单成和。

2. 王 g7 象 f5 3. h4

正确的顺序。若 3. 王 h6，经 3. ⋯ 王 f6 4. h4 象 g4，黑方胜定。

3. ⋯ 王 e6

黑方只得无益地花费一个步拍。

4. 王 h6 王 f6

白方仍然要输？并非如此。

5. h5! g5

兑兵不能胜，避兑则白方无子可动。和棋。

第 151 局

约·罗伊克罗夫特，1960 年

白先和

作者是英国著名排局家。

超小型排局。显然，结局取决于白兵是否能有效发挥作用。

1. b5 马 f3

黑马迅速调向战区。如 1. … 象 b8+，白方应以 2. 王 a8。

2. b6 马 e5

若 2. … 象 g1，白方也接走 3. 王 a8，在 3. … 象×b6 时成逼和。

3. b7+

白兵即将升变，黑方当然已有对策。

3. … 王 d7　4. b8 马+!

这里弱升变是唯一的好棋。4. b8 后？马 c6+正遂黑方心愿。

4. … 王 c8　5. 王 a8!

改走 5. 马 a6 似佳实劣，因 5. … 象 g1+　6. 王 a8 马 c4!　7. 马 b4（7. 马 c5 马 b6+　8. 王 a7 象×c5）7. … 马 b6+　8. 王 a7 马 d5+　9. 王 a6 马×b5+，或 9. 王 a8 马 c7#。

5. … 象 g1　6. 马 c6!

如前所述，6. 马 a6？马 c4!，黑方胜定。

6. … 马×c6

逼和。

171

第 152 局

弗·帕赫曼，1938 年

白先和

此为捷克排局国际特级大师创作的小型作品。

白方子力大优，但面对黑方深远推进的相连通路兵，只能设法求和。

1. 马 g2+！

准备退马至底线掩护白王。初学者容易产生的错觉是 1. 马 d3？黑方可续以 1. … b2！取胜。

1. … 王 g3

不能走 1. … 王 g4？，因 2. 马 e3+ 王 g3 3. 马×c2 b×c2 4. 车 c5，黑方反而要输。

2. 车 a1 b2

黑兵锐不可当，但白方已有巧妙思路在胸。

3. 马 e1！

这时 3. … b×a1 后，或 3. … c1 后 4. 车×c1 b×c1 后，白马沿横排被黑后牵制，成为逼和。

3. … b1 后 4. 车×b1 c×b1 象！

黑兵弱升变，伏 5. … 象 e4+，试探白方应手。

5. 马 f3！

白马抢先进入大斜线护王，并伏 6. 马×h2。其他走法皆负：5. 马 c2 王 h3；5. 马 d3 象 c2 6. 马 f2 象 f5；5. 马 g2 象 c2，等等。

5. … 象 e4

白马沿斜线被黑象牵制，也是逼和。

172

第 153 局
亚·格林，1971 年

白先和

作者是俄罗斯排局国际特级大师亚·古利亚耶夫，50 岁后启用笔名格林。这是他 63 岁时创作的超小型排局。

乍一看来，白车行动范围广阔，似乎不难阻止黑兵升变。仔细观察，会发现可供选择的格位甚少，例如 1. 车 g6 象 e4，或 1. 车 a6 象 e4+ 2. 王 h8 e2 3. 车 a1+ 象 b1，或 1. 车 b8 象 e4+ 2. 王 h8 e2 3. 车 g8 象 g6！（3. … e1 后 4. 车 g1！后×g1 逼和）4. 车×g6 e1 后，皆为黑胜。

1. 车 b5！

预先防范黑象进行断路的好棋。

1. … 象 e4+

黑方若直接走 1. … e2，经 2. 车 c5+ 王 b2 3. 车 b5+ 王 a2（3. … 象 b3 4. 车 e5）4. 车 a5+，黑王为避免长将，只得放白车回到第 1 横排拦兵——4. … 王 b2 5. 车 b5+ 王 c3 6. 车 c5+！（6. 车 b1 象 e4+击双）6. … 王 d4 7. 车 c1 等等。

2. 王 h8！

白王自愿受到黑象的限制。

2. … e2 3. 车 g5！

这时黑方已无象 g6 的手段。

3. … e1 后 4. 车 g1！后×g1

白方实现逼和意图。

第 154 局

格·马蒂松，1927 年

白先和

作者是拉脱维亚国际象棋大师、杰出的排局艺术家。他的作品富有想象力，在简练的结构中往往包含着深邃的内容。

这里的战斗显然将围绕 e2 兵进行。经 1. 王×e2? 马 c3+ 2. 王 d3 马×d5，或 1. 车 b5+ 王 c1 2. 车 c5+ 王 d1，黑方胜定。

1. 王 d2 马 c1！

看似平淡，暗伏杀机。改走 1. … 马 c3 2. 车 d3 象 f4+ 3. 王 e1 王 c2 4. 车×c3+，或 1. … 象 f4+ 2. 王×e2！马 c3+ 3. 王 f3 马×d5 4. 王 e4，快速成为和棋。现在，白方面对 2. … 象 f4+ 3. 王 e1 象 g3+的致命威胁，必须精确行棋才能化险为夷。

2. 车 b5+！

直接 2. 车 d4 马 b3，或 2. 车 g5 象 f4+，及 2. 车 f5 象 g3，皆是黑胜。

2. … 王 a2 3. 车 a5+ 王 b3

白方利用将军迫黑王退至第 3 横排，有关成败。如果 3. …王 b2，白方接走 4. 车 a4！（4. 车 f5 时，黑方避免 4. … 象 g3 5. 车 2！，而应以 4. …马 b3+！5. 王 e1 象 g3+ 6. 王×e2 马 d4+）4. …象 c7 5. 车 b4+！王 a3 6. 车 e4，求得和棋。

4. 车 f5

这时黑方已不可走 4. … 象 g3，因 5. 车 f3+击双。

4. … 象 c7 5. 车 f3+ 王 b2

174

黑王又进入第 2 横排，限制住白王的行动。另一变化为 5. … 王 a4　6. 车 e3!
象 f4　7. 王 e1　象×e3，同样出现逼和。

6. 车 f2!

若 6. 车 e3? 象 a5+，黑胜。

6. … 象 a5+　7. 王 e3　象 b6+

黑 e2 兵被牵，不能升变。白方已准备 8. 车×e2。

8. 王 d2!

当然。

8. … 象×f2

白方终于达到目的。

第 155 局

阿·沃塔瓦，1940 年

白先和

作者是奥地利著名排局家。

车类残局黑方多两兵，但黑王位置不好，给予白方巧合的机会。

1. 王 f2!

伏 2. 车 h3#，黑王由此疲于奔命，得不到喘息。

1. … 王 h2　2. 车 e8!　王 h3　3. 王 f3　王 h4

在 3. … 王 h2 时，白方可应以 4. 车 e2+　王 g1　5. 车 e1+。

4. 王 f4　王 h5　5. 王 f5　王 h6　6. 王 f6　王 h7

黑王暂时得到安身之处，黑方将考虑向前推进 a 兵。

7. 车 e5!

白方也及时转向。选定白车后撤的位置恰到好处，一方面可以攻王，另一方面已构思出逼和的图式。

7. … a5

经 7. … 车 b7   8. 车 a5 车 b6+   9. 王×f7 再 10. 王 e7，简单成和。

8. 车 h5+ 王 g8   9. 车 g5+ 王 f8   10. 车×a5！

时机成熟。

10. … 车×a5

逼和。

2001 年，在一届高达 20 级的超级明星赛中，两位著名的国际特级大师弈出如图局势。

这时轮到黑方走棋。比赛大厅内许多观众，包括一些少年爱好者，看出巧和的变化：55. … 车×h5！   56. 车 a5+ 王 b4   57. 车×h5，成逼和。而执黑的特级大师忽略了这一走法，经 55. … 王 b4？   56. 车 b6+ 王 c5   57. 车×h6 王 b4   58. 王 c2 车 c3+   59. 王 d2，负于第 73 回合。

第 156 局

韦·卡兰达泽，1977 年

白先和

作者是格鲁吉亚排局大师。

黑 h2 兵必将升变，白方形势岌岌可危。但深入观察，上下求索，会发现由于黑王位置欠佳，白方仍有利用战术求和的机会。

1. 车 b1！

白车脱离险地，埋伏在白王身后，黑方若走 1. … h1 后？，白方可应以 2. 王 c2+闪击。

1. … 车×g2　2. 车×d7

现在 2. … h1 后？，白方接走 3. 车 d1+击双。

2. … c2　3. 车 e7+！

驱赶黑王，为以后弃车创造条件。如 3. 车 a1？ h1 后　4. 王 b2+ c1 后+！ 5. 王×c1 王 e2+　6. 王 b2 王 e3+，白方丢失 a1 车。

3. … 王 f1　4. 车 f7+ 王 g1

这时 5. 车 a1 h1 后　6. 王 b2+ c1 后+　7. 王×c1 王 h2+，成杀势。路在何方？

5. 车 b8！ h1 后　6. 车 h8！ 后×h8

白方先送一车，将黑后引入 h8 格，使之控制住 b2。如改走 6. … 车 h2，经 7. 车 g8+ 车 g2　8. 车 h8，白方仍达到目的。

7. 车 f1+！

白王受到极度限制，白方再送一车消除赘子。

177

7. … 王 h2　8. 车 h1+　王×h1

缜密的构思。

第 157 局

弗·阿普谢尼克，1913 年

白先和

作者是拉脱维亚国际象棋大师，也从事排局创作。

子力相当，形势上求和的应是白方。

1. 后 c1+　后 b1　2. 象 d1！

当然不能走 2. 象×b1？　a×b1 后　3. 后×b1+　王×b1，黑胜。

2. … e×d1 后+

如果 2. … 后×c1，立即成为逼和。又如 2. … c4 时，白方续以 3. 后 c3+　后 b2　4. 后 c1+！。

3. 王×d1　c4

若是 3. … 后×c1+　4. 王×c1　c4　5. 王 c2　c3　6. 王 c1！　c2　7. 王×c2，结果同主变。

4. 王 d2　c3+　5. 王 d1！

经 5. 后×c3+？　后 b2+　6. 王 d3　后×d3+　7. 王×d3　王 b1，黑方胜定。

5. … c2+　6. 王 d2　后×c1+　7. 王×c1

弱方逼和强方！

第 158 局

格·萨霍佳金，1948 年

白先和

作者是俄罗斯著名排局家、通信工程师。

黑方子力占优，并攻击着白马，常态下有望取胜。白方需开拓求和的思路。

1. 马 c7

伏 2. 后 a8#。

1. … 王 b8

反击白马。如 1. … 马 f5+，白方可应以 2. 王 d7，黑方无后继手段。

2. 后 c6！

似劣实佳。若改走 2. 马 e8? 后 d8+，或 2. 马 e6? 马 f5+ 3. 王 e5（3. 王 d7 象 a4+）3. … 后 c3+ 4. 马 d4（4. 王 f4 后 g3#）4. … 后 g3+ 5. 王 e6 后 g8+ 6. 王 e5 后 g7+ 7. 王 e6 后 e7#，皆为黑胜。

2. … 马 f5+ 3. 王 d7 象 a4

好像战斗已经结束了。但……

4. 王 d8！

摆脱牵制，在 4. … 象×c6 时形成逼和。

4. … 后 d2+ 5. 马 d5！

不可走 5. 后 d5?，因 5. … 后 g5#。

5. … 后 g5+

这时 5. … 象×c6 仍为逼和。

179

6. 马 f6!

否则 6. 后 f6 后 g8+。

6. … 象×c6

白方终于达到目的。

第四节 局面和棋

在这类排局中，由于盘上子力结构即局面上具有某种突出特点，从而使优势方无法获胜。其表现形式是多样的，例如长杀、长吃、长拦、长献、长拒吃以及互捉、封锁、固守等，为发挥想象力提供了广阔的空间。

简介例局：

沙·科兹洛夫斯基，1930 年

白先和

1. 车 f8+ 王 d7　2. 车 f7+ 王 e6　3. 车 f5! 王 e7　4. 车 f7+ 王 e6
5. 车 f5!

白方长吃黑车，黑若逃 h6 车，则 6. 车 f6+击双。

第 159 局

约·莫拉韦茨，1924 年

白先和

超小型排局，作者是捷克著名排局家。

黑兵必将升变，但黑王位置不利，白方可利用长要杀的典型手法求得和棋。

1. 车 a1+　王 b8　2. 车 b1+　王 c8　3. 车 a1！

威胁 4. 车 a8#，黑兵来不及变后。

3. … 王 d8　4. 王 d6　王 e8

若 4. … 王 c8，白方相应走 5. 王 c6。

5. 王 e6　王 f8　6. 王 f6　王 g8　7. 车 a8+！

不可走 7. 王 g6，因 7. … g1 后+。

7. … 王 h7　8. 车 a7+　王 h6　9. 车 a8！ 王 h5　10. 王 f5　王 h4　11. 王 f4 王 h5　12. 王 f5　王 h6　13. 王 f6　王 h7　14. 车 a7+！

黑方无喘息机会，和局。

181

30 年后，一个赛局出现如图形势。执白棋的一方以为败局已定，遂签字认输。他的对手现在成为排局国际特级大师，当时即指出以下变化：1. 王 d6 王 c8（1. … 王 e8 2. 王 e6 王 f8 3. 王 f6，黑王须回 e8，否则 3. … 王 g8? 4. 车 b8#）2. 车 c1+ 王 b7 3. 车 b1+ 王 a6 4. 王 c6! 王 a5 5. 王 c5 王 a4 6. 王 c4 王 a3 7. 王 c3 王 a4 8. 王 c4，白方长杀成和；如 7. … 王 a2，白方应以 8. 车 f1!，经 8. … h5（8. … g2? 9. 车×f2+）9. 王 d3 h4（9. … 王 b3 10. 王 e3 g2 11. 王×f2）10. 王 e3 h3 11. 王 f3，也是和棋。

第 160 局

阿·谢列兹尼奥夫，1919 年

白先和

作者是俄罗斯国际象棋大师，也对排局创作感兴趣。

黑方多兵，且伏有 1. … 车 d1+ 的致命威胁。白方想长将达不到目的：

1. 车 h8+ 王×h8　2. e7 车 d1+　3. 王 e6 c1 后　4. e8 后+ 王 h7　5. 后 h5+ 后 h6+，黑胜。

1. e7！王 f7

这时不能走 1. … 车 d1+　2. 王 e6 c1 后　3. e8 后#。

2. e8 后+！

当然。白方弃兵恶化黑王处境。

2. … 王×e8　3. 王 e6

白王的位置得到改善，已伏 4. 车 h8#。

3. … 车 f1　4. 车 a4！

随手 4. 车 b4? 将前功尽弃，因 4. … 车 b1！　5. 车 h4 车 b6+，白负。

4. … 车 d1

为解杀只此一着。

5. 车 h4 车 f1

又是逼着。

6. 车 a4

长要杀成和。

第 161 局

埃·波戈相茨，1965 年

白先和

183

作者是俄罗斯排局国际特级大师。

小型排局。白方已无力阻挠黑 c2 兵升变，例如 1. 象 b6 象 e5+!（1. … c1 后? 2. 象 e3+）2. 王 f3 象 g2+!，以及 1. 王 g3 象 d4 2. 象 a5+ 王 e2! 等等，黑方胜定。在此求和，需别具匠心、熟悉规则。

1. 王 f3! 象 g2+!

不可仓促走 1. … c1 后?，因 2. 象 f4+击双。在 1. … 象 e2+时，正确的应着是 2. 王 e4!；世界冠军卡斯帕罗夫指出 2. 王 g3? 象 d4 3. 象 a5+ 王 e3!（3. … 王 d1 4. 象 a4）4. 象 c7 王 d3! 5. 象 b5+（5. 象 f4 象 e3）5. … 王 d2 6. 象 a5+ 象 c3 7. 象 c7 象×b5，白方要输。黑方于 g2 弃象，使白方面对严峻考验。

2. 王×g2 王 e3 3. 王 g3 象 d2

黑象掩护住 c1 格，似乎战斗临近结束了，实际上并非如此。

4. 象 f4+ 王 e2

若 4. … 王 d3 5. 象 e4+!，立即成和。

5. 象 f3+ 王 e1 6. 象 d6!!

白方将黑王逼至盘边再调象，寓有深意。象到 d6 是唯一的选择：象 e5 时 c3 格会受黑后监视；象 c7 要遭黑后直接攻击；象 b8 以后进入不了 e1—a5 斜线攻击黑王。

6. … c1 后 7. 王 g2!

白方精心构思的图式终于浮现在盘上，黑方空有重大子力优势，必须走动黑象，以解 8. 象 g3#的燃眉之急。

7. … 象 f4

若 7. … 象 c3，则 8. 象 g3+ 王 d2 9. 象 f4+。

8. 象 b4+!

迫黑象回至不利位置。

8. … 象 d2 9. 象 d6 象 g5 10. 象 b4+ 象 d2 11. 象 d6

重复不变，局面和棋。

第 162 局

叶·梅勒，1909 年

白先和

作者是丹麦排局家。

子力相当。白方直接走 1. c7 象 a6　2. 王 d7，经 2. … 王×g2　3. c8 后 象×c8+　4. 王×c8 王×g3　5. c4 h4　6. c5 h3　7. c6 h2　8. c7 h1 后，黑方胜势。而 1. 王 c5 象 e6，白方也输；由此想到弃兵压缩黑象的活动空间，但 1. f5? g×f5　2. 王 c5（2. g4 f×g4!）2. … 象 e2　3. 王 b6 象 g4　4. c7 f4 5. g×f4 王×g2，仍为黑胜。

1. g4!

正确的顺序。

1. … h×g4

若 1. … h4 拒吃，白方应以 2. f5 g×f5　3. g×f5 王×g2　4. f6 h3　5. c7 象 a6 6. f7，反占上风。

2. f5! g×f5

白方连弃双兵，达到预期目的，随即开始攻击黑象。

3. 王 c5!

切不可轻率走 3. c7? 象 a6。

3. … 象 a6

或者是 3. … 象 f1　4. 王 b6! 象 c4　5. 王 c5 等。

4. 王 b6 象 c8　5. 王 c7 象 e6　6. 王 d6

现在看出白方弃兵的功效，黑象反受黑兵所阻。

6. ··· 象 c4   7. 王 c5

白王长捉黑象，不变作和。

第 163 局

亚·库兹涅佐夫，1947 年

白先和

作者是俄罗斯排局国际大师。

黑方子力略优，正攻击着一个白马，马直接由 d6 逃开，黑象可吃得 e4 兵，黑方有望取胜。但棋弈中具备反击意识是极重要的品质，于是白方开始追逐黑车。

1. 象 b3！

黑车的行动实际上受到很大的限制，只有 g3 和 g4 格可以立足，至其他格位均会遭受直接或间接打击，例如 1. ··· 车 g5   2. 马 e6+ 等。

1. ··· 车 g3！

这样走，是为了把白王引离 g1 格，使之失去对 h1 格的监控。如立即 1. ··· 车 g4，经 2. 马 f7+ 王 c7（或 2. ··· 王 e8   3. 马 h6 车 h4 等。黑车至其他格位要丢失，例如 3. ··· 车 g5？   4. 象 a4+ 王 d8   5. 马 e6+，白方大优）3. 马 h6 车 h4   4. 马 f5 车 g4   5. 马 h6，简单成和。

2. 王 f2 车 g4

黑方达到目的，白方怎样继续战斗？

3. 马 f7+ 王 c7

显然，不能走 3. ··· 王 d7？   4. 马 e5+，以及 3. ··· 王 c8？   4. 象 e6+。改走 3. ··· 王 e8 时，白方应以 4. 马 e5 车 h4   5. 王 g3 车 h6   6. 马 e6！，伏 7. 象 a4#，迫使黑方用车换 e6 马，成均势。但黑王到 c7 也存在隐患，以后会

妨碍黑车沿 c 线自由行动。

4. 马 h6 车 h4 5. 马 f5 车 h1 6. 马 g3 车 c1 7. 马 ge2! 车 c6

如 7. … 车 c5，接走 8. 马 e6+。

8. 马 d4! 车 h6

白马紧追不舍，黑车竟然无法脱身（8. … 车 b6 9. 马 d5+；8. … 车 d6 9. 马 b5+；8. … 车 f6 9. 马 d5+），新一轮追逐即将开始。

9. 马 f5 车 h1 10. 马 g3

作者匠心独运，使黑车奔逃的轨迹成一正方形。双方着法不变，和棋。

第 164 局

维·雅基姆奇科，1964 年

白先和

作者是哈萨克斯坦排局国际大师，职业为设计工程师。

黑方占有子力优势，看似行动自由，无懈可击。但白方兵种较多，能高效协同行动，仍可用构思精妙的战术组合求得和棋。

1. 马 d4+

马进入中心，尽显八面威风。

1. … 王 e5

或 1. … 王 d6 2. 车 g7!，同主变。

2. 车 e7+!

错误的是 2. 车 c5+?，因 2. … 马 bd5 黑胜。

2. … 王 d6 3. 车 g7!

似曾相识的战术手段，白方弃车意在引黑后至不利位置，再以马进行击双：

187

3. ··· 后×g7　4. 马 f5+。如 3. ··· 后×e3、3. ··· 后 h4、3. ··· 后 h6，结果也一样。

3. ··· 后 a5　4. 车 a7！

现在 4. ··· 后×a7 及 4··· 后×c3，白方接走 5. 马 b5+。

4. ··· 后 c5　5. 车 c7！后 e5

这时 5. ··· 后×c7 及 5. ··· 后 a3，白方续以 6. 马 b5+。若 5. ··· 王×c7，则 6. 马 e6+。

6. 车 e7！后 g5

已不难看出 6. ··· 后×e7 及 6. ··· 后 g3，白则 7. 马 f5+，或 6. ··· 王×e7 7. 马 c6+。

7. 车 g7！后 a5　8. 车 a7！

白车如影随形，黑后摆脱不了纠缠，不变作和。

第 165 局

亨·卡斯帕良，1935 年

白先和

作者是亚美尼亚国际特级大师，享有世界声誉。

黑方子力占优，黑王虽暴露在外，有惊无险。白方的出路在哪里？

1. 马 f4！

果断寻求反击是唯一的机会，白方放弃 g3 兵，但伏 2. 后 d3# 及 2. 马 d5# 的双重威胁。

1. ··· 后×g3+

黑方来不及走 1. ··· 车 a1，只得顺应对方意愿接受弃兵，致使王翼上的白子行动受到高度限制。

2. 马 g2+

解将还将的好棋。

2. ··· 王 e4

这里白方若想长将，达不到目的。例如 3. 后 e2+ 王 d4 4. 后 d1+ 后 d3，或 3. 后 c2+ 王 e5 4. 后 c7+ 象 d6 等。

3. 后×a4！

黑方若接走 3. ··· b×a4，黑 a6 象将监视住 f1 格，白王不能移动，成为逼和。

3. ··· 后 h2+！

黑方并不甘心，仍希望 4. 王×h2？b×a4 取胜。

4. 王 f2！ 后 g1+ 5. 王 g3！ 后 f2+ 6. 王 h2！ 后 g3+ 7. 王 g1！

白方始终拒吃黑后，以保持 g2 马被牵制的状态。长拒吃成和。

第 166 局

弗·科罗利科夫、维·切霍维尔，1949～1950 年

白先和

与第 140 局相同，这也是俄罗斯两位著名排局家的共同创作。

白方子力亏损，自然寄希望于 f 兵吃得黑子，但一波三折，白马又被击双……

1. f7 象 d6+ 2. 王 b2！

有远见的应着，白王需避免以后遭受黑车攻击。

2. ··· 马 h6 3. f8 后+ 象×f8 4. 马×f8 车 f4

看来白方又要丢子。若平白失掉一马，势必输棋。

5. 马 g4！

巧妙的解着，先将黑马引至 h3 兵火力之下。经 5. ··· 车×f8 6. 马×h6，

189

黑不能胜。

5. …马×g4 6. 马e6!

随即对黑车展开反击。但不可走 6. 马g6?，在 6. … 车f6 之后，白方无接续手段。

6. …车e4!

双方行动精细。此时 6. … 车f6 7. 马c7+ 王b7 8. 马d5 车c6 9. h×g4，是和棋。这个变化证明 2. 王b2 是唯一正确的着法：如走 2. 王a2 或 2. 王a4，黑方在此有 8. … 车a6+的过渡，黑马赢得时间逃生；若 2. 王b3，黑方径直 6. … 车f3+再 7. … 车×h3。

7. 马g5!

又是准确的选择，必须给马保留反击黑车的空间，不能使车贴身攻击。例如 7. 马c5? 车×c4 8. 马d7 车d4 9. 马b6+ 王b7 10. 王c3 车d8 11. 马c4 马f6，或 7. 马c7+ 王b8! (7. … 王b7 8. 马b5 车×c4 9. 马d6+) 8. 马a6+ 王a7 9. 马c5 车×c4，皆为黑胜。

7. …车e5! 8. 马f3!

错着是 8. 马f7，因 8. … 车e7。这时，黑车不能到e3。

8. …车f5 9. 马d4!

不可 9. 马h4?，因 9. … 车h5。现在，黑车到不了d5。

9. …车f4 10. 马e6! 车e4 11. 马g5!

双方循环互捉，成为局面和棋。

第167局

约·比赞德扬，1955 年

白先和

190

作者是亚美尼亚排局家。

同色格象残局，黑方多一边兵，对局结果取决于双方王的位置。若是黑方先走，经 1. … 王 d2 不难取胜。

1. 王 e6！

借攻击黑象，白王赢得时间加速靠近黑兵。改走 1. 王 e4？ 王 d2 2. 王 d5 王 c2 3. 象 g7 a3 4. 王 c4 a2 5. 象 e5 象 a3，再 6. … 象 b2，黑兵将升变。

1. … 象 f8 2. 王 d5 王 d2 3. 王 c4 王 c2

黑王毕竟抢先一步，这时白如接走 4. 象 a3 象×a3 5. 王 b5 王 b3，或 4. 王 b5 王 b3 5. 象 c1 象 g7 6. 王 a5 象 f6！ 7. 王 b5 象 c3 8. 王 c5 象 b2，白方皆负。

4. 象 g7！

送吃白象，引离黑象：4. … 象×g7 5. 王 b4，立即成和。

4. … 象 e7 5. 象 f6！ 象 d6 6. 象 e5！ 象 a3 7. 象 d4 象 f8

如 7. … 象 b2，白方应以 8. 象 c5。

8. 象 g7！ 象 e7 9. 象 f6！

白方利用长献，求得和棋。

第 168 局

伊·佩克维尔，1958～1959 年

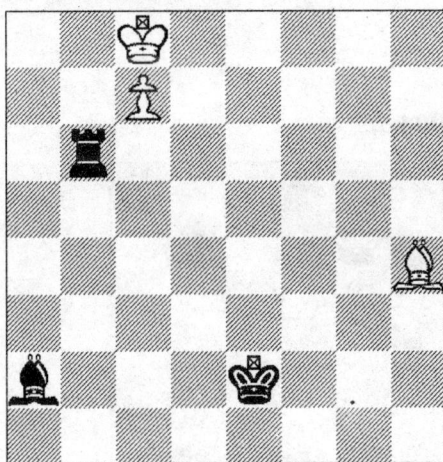

白先和

小型排局，获国际棋联排局常设委员会机关刊物年度竞赛第一名。

黑方子力大优。白方将输棋。战斗自然围绕这个兵进行。

1. 王 d8！

经 1. 王 d7? 象 e6+ 2. 王 d8 车 c6，黑车、象协调行动，黑方胜定。

1. … 车 d6+

若 1. … 象 e6 2. c8 后 象×c8 3. 王×c8，是和棋。

2. 王 e7

不可走 2. 王 c8，因 2. … 象 e6+ 3. 王 b7 车 d4! 4. 象 f6 车 c4。

2. … 车 c6! 3. 王 d7 车 h6 4. 象 f6!

黑方预先把白王引到 d7，这时 4. 象 d8 象 e6+ 5. 王 c6 象 c8+，或 4. 象 g5 象 e6+ 5. 王 d8 车 h8+，皆为黑胜。白象至 f6 格，黑方既不能走象 e6 照将，黑车以后也不能进入 h8 格防守。如果 4. … 车×f6，则 5. c8 后! 象 e6+ 6. 王 e7 象×c8 7. 王×f6 成和。

4. … 象 b1 5. 王 e6 车 h5!

现在 6. c8 后 象 f5+，或 6. 王 d7 车 c5，白负。

6. 象 g5!

再次弃象，拦阻 6. … 象 f5+。

6. … 车 h8

接受弃子仍要丢车：6. … 车×g5 7. c8 后! 象 f5+ 8. 王 f6 象×c8 9. 王×g5。

7. 象 d8

这已是常见手法。

7. … 车 h5 8. 象 g5! 车 h8 9. 象 d8 车 h5

双方不变作和。

第 169 局

弗·阿梅伦格，1904 年

白先和

作者是国际象棋大师，生于爱沙尼亚，也从事排局创作。

黑方子力明显占优，但黑王不安于位，黑后在角格暂时参加不了战斗。白子位置主动，配合战术手段，可高度发挥潜能，使黑子只能困守而走重复着法成和。

1. 马 d8+！

弃马是为了形成闪击结构，用意深远。

1. … 王 e7

若是 1. … 王 c7　2. 车×b7+ 王×d8（2. … 王 d6　3. 马 f7+），以下同主变。而 1. … 王×d8　2. 车×b7，黑后厄运难逃，例如 2. … 马 f6　3. 车 b8+击双，或 2. … 象 e5　3. 车 d7+ 王 c8　4. 车 h7+闪击，以及 2. … 后 h6　3. 车 d7+ 王 c8　4. 车 d6+等等。

2. 车×b7+ 王 f6

黑方弃马摆脱白方的钳制，达不到目的：2. … 马 c7　3. 车×c7+ 王 f6（3. … 王×d8　4. 车 c8+，或 3. … 王 e8　4. 马 e6）4. 车 c6+ 王 e7（4. … 王 e5 及 4. … 王 g5　5. 马 f7+）5. 车 c7+，白方可长将。

3. 车 b6+ 王 e7

这时 3. … 马 d6　4. 车×d6+ 王 e7　5. 车 d7+ 王 e8　6. 马 f7 后 h7 7. 马 d6+ 王 f8　8. 马 f5，白方反占优势。

4. 车 b7+ 王×d8

如前所述，在此局势黑方先行不利。白方先走又如何？当然不能 5. 车 a7？马 c7，以及 5. 车 f7？马 f6。

5. 王 g1！

等着，把先行权转给对方。但 5. 象 h3？不好，因 5. … 后 h6　6. 车 d7+ 王 c8　7. 车 d6+ 后×h3+　8. 王×h3 马×d6，黑胜势。

5. … 象 d4+

也是唯一可行的选择。

6. 王 g2　象 g7　7. 王 g1

双方重复着法，成巧和。

193

第 170 局

格·萨霍佳金，1930 年

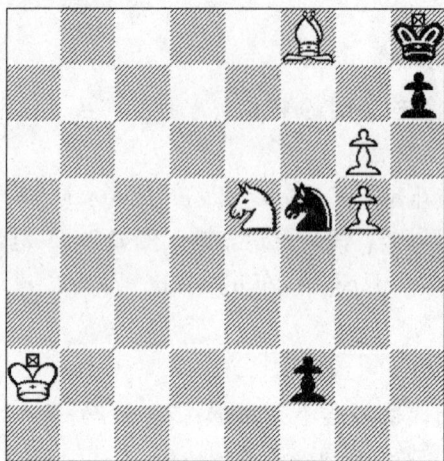

白先和

俄罗斯排局家的创作。

白方多一马，但黑 f 兵必将升变，白方无强子也难以构杀，给人的印象是黑方已经胜券在握。白方的机会在哪里？

1. g7+ 马×g7

白方先弃兵引黑马，堵塞黑王出路。黑方若改走 1. … 王 g8，白方应以 2. 马 g4，一面攻击 f2 兵，一面伏 3. 马 f6+ 王 f7 4. g8 后#。

2. 马 f7+! 王 g8

白马似乎也自投罗网，与象一起被黑王击双。实际上白方成竹在胸，已准备下过渡的着法。

3. 象 c5! f1 后

这时双方子力悬殊，白马仍受攻击，白象也面临 4. … 后 c4+ 的威胁。

4. 马 h6+ 王 h8

好像白方该认输了。经 5. 象 a3 后 c4+ 6. 王 b1 马 e6 7. 象 b2+ 马 d4 8. 王 a1（8. 象 a1 后 c2#；8. 马 f5 后 f1+）黑方可接走 8. … 王 g7 9. 象×d4+ 后×d4+，反将白王。

5. 象 d6!!

丰富的想象力、敏锐的战术意识及图式思维，从而避免遭败局。白方的马、象、兵高度协调，g5 兵保护 h6 马，马又利用击双间接保护 d6 或 e5 象及 g5 兵；当黑马走动时，白象立即于 e5 将军逼其返回至 g7。结果，黑王和黑马被封锁在盘角上，参加不了战斗，致使黑后孤掌难鸣，黑方无法取胜。对白方来说，关键在于不能让黑后带将军吃子，走动白王时加以小心。

5. … 后 a6+　6. 王 b2　后 b5+

当然不能走 6. … 后×d6？　7. 马 f7+。

7. 王 a2　马 e6

现在 7. … 后×g5？，也应以 8. 马 f7+。

8. 象 e5+!　马 g7　9. 象 d6

白子的封锁貌似松散，实则坚不可摧。局面和棋。

又一经典佳作。

第 171 局

季·戈尔吉耶夫，1937 年

白先和

作者是俄罗斯排局家、医学博士。

双方有前突通路兵，黑方多车，而白子位于中心攻守两利，终于能囚禁住黑车成和。

1. 王 e2!

使白象监视住 b1 格，白王同时逼近黑象。如直接 1. g8 后？ b1 后+，黑方先发制人，白王危在旦夕。

1. … b1 后

只得弃兵引离白象，再调车至 a8 格回防。

2. 象×b1 车 a8　3. 象 e4!

必要的过渡。立即 3. g8 后？ 车×g8　4. 象 a2 车 a8！（4. … 车×g6？　5. 象 f7）
5. 象 d5（5. g7 车×a2+）5. … 车 a7　6. 象 f7 象 d4，黑方胜定。

3. ··· 车 e8　**4. g8 后!** 车×g8　**5. 象 d5** 车 g7

改走 5. ··· 车 e8+（5. ··· 车×g6　6. 象 f7），白方续以 6. 王 f1　象 d4 7. g7! 象×g7　8. 象 f7+　王 g5　9. 象×e8。

6. 象 f7!

黑车被封锁，失去效能。局面和棋。

第 172 局

查·本特，1966 年

白先和

英国排局家的创作。

黑方子力大优，但白子大都集结在王翼，加重了整体打击力量，使黑子失去用武之地。

1. e6+　王 f8

若 1. ··· 王 e7，则 2. 马 d5+击双，白胜。

2. 象 a3+!　象 b4　3. 象×b4+　a×b4

白方逼兑黑象，目的在于缩小黑后沿 a3—f8 斜线的活动空间。

4. e7+!　后×e7

只得用后吃兵，使黑王行动也受限制。

5. 马 e6+　王 f7　6. 马 g5+　王 g7　7. 马 e6+　王 h8

不能走 7. ··· 王 h6? 8. 马 g8+。黑方避开长将，以后会怎样？

8. 王 e5!

保持封锁状态。

8. ··· 后 f7

黑方看似自由，实际上生存空间狭小。

9. 王 f5！后 e7　10. 王 e5！

双方不变，成为巧和。

第 173 局

吉·纳达列伊什维利，1954 年

白先和

作者是格鲁吉亚排局国际特级大师、神经学名医。

小型排局。黑 h 兵在黑王支持下将会升变；白方只有两个弱子，无力阻止反击，于是想到构筑坚垒，固守求和。

1. 象 g1　王 g3

黑方来不及利用 f 兵助攻：1. … f5　2. 马 c6 f4　3. 象 h2 f3？　4. 马 e5+，白胜势。

2. 马 c6！

迅速回防。

2. … 王 g2

这时 2. … f5　3. 马 d4　王 g2　4. 马 e2（马×f5？王×g1　5. 马 h4　王 f2 黑胜）4. … 王 f1（4. … 王 f3　5. 马 d4+）5. 马 f4　王×g1　6. 马×h3+，简单成和。

3. 象 d4！

见拦阻不住黑兵，白方开始组建攻不破的城堡。

3. … h2

或 3. … f5　4. 象 e5。

4. 象×f6 h1 后　5. 象 b2！后 h5　6. 马 d4！后 a5+　7. 王 b1！

若误走 7. 王 b3？，经 7. … 王 f2　8. 王 c2 后 a2，黑后侵入白方腹地，再调黑王至后翼，黑方已可取胜。

7. …　后 a4　8. 象 a1

白子虽少，高效配置，沿 a3—c3—c1 构筑防线，掩护住白王，使黑子无法入侵。坚垒固守，也成局面和棋。

第 174 局

维·切霍维尔，1947 年

白先和

作者是俄罗斯排局国际大师。

白方少分多三兵，子力略优，但黑车即将沿 h 线侵袭，白方丢兵要输棋。例如，1. 王 c2？车 h2　2. 象 f1 车×f2　3. 象 d3 车 g2；1. f4？车 h2　2. 象 f3 车 h3；1. 象 f1？车 h1；1. 象 f3？车 f8　2. 象 h5 车×f2　3. g4 车 g2　4. 王 c2 车 g3，皆为黑胜。

1. 王 d1！

白方决定弃象，以赢得时间构建坚垒，长期固守。

1. …　车 h2　2. 王 e1！车×g2　3. 王 f1 车 h2　4. 王 g1 车 h3　5. 王 g2 车 h6

黑车吃象后被驱回，无法扩大战果。

6. f3！

预先消解 6. …　车 e6　7. 王 f1 车 e4 的致命威胁。此后，白王在 g1、g2 防止黑车自 h 线入侵，在 f1、f2 阻止黑车沿 e 线侵入，在 g2、f2 护住白兵。

6. …　车 h7　7. 王 g1 车 g7　8. 王 g2 车 g6　9. 王 f2 车 e6　10. 王 f1 王 f6　11. 王 f2 王 f5　12. 王 f1

白方防线固若金汤。

12. …　a5　13. 王 f2！b4

或是 13. … a4　14. b4！。

14. a4！

黑方应同意和棋了。若勉强弃车撕裂白方防线，经 14. … 车 e4　15. f×e4+ 王×e4　16. 王 g2　王×d4　17. g4　王×c5　18. g5　王 d6　19. d4　王 e6　20. 王 g3 王 f5　21. 王 h4，白方反占上风。

14. … 车 h6　15. 王 g2

白方固守成和。

第 175 局

朱迪·波尔加，1995 年

白先胜

朱迪·波尔加是女子国际象棋史上的奇迹。这位蜚声棋坛的女棋手也有排局即兴之作。

1. 马 c1！

准备拦阻黑王，白兵如无偿丢失，即是和棋。

1. … 王 b4！

如 1. … 王×a5，则 2. 马 a2，胜定。

2. 马 a2+　王 a3　3. 马 c3　王 b4　4. 马 b1！a3　5. 马×a3！

如果 5. c3+？王 b3　6. 马×a3　王×c3！　7. 王 d6　王 b4　8. 马 c4　王×c4 9. 王 c6　王 d4！　10. 王 b6　王 d5　11. 王×a6　王 c6 则成和棋。

5. … 王×a3　6. 王 e6！！

6. 王 d6？王 b4！　7. c3+　王 b5！和棋。

6. … 王 b4　7. 王 d6　王 b5　8. c3！王 c4　9. 王 c6！

白胜。

第176局

弗·拉扎尔，1910 年

白先胜

作者是法国著名棋手，1926 年并列全法赛冠军。19 岁开始排局创作。曾出版专集，世界冠军阿廖欣为之作序。

双方子力相当，白方抓住时机，利用典型战术手段使兵升变。

1. 马 f4+　王 h6

黑王退至盘边，希望形成逼和。如果 1. … 王 g5　2. 马 e6+　王 f6　3. 马 d8，则白方速胜。

2. 马 e6　车 e8

如 2. … 王 h7　3. 马 d8　车 b1+，白方应以 4. 王 f2　车 b2+　5. 王 f3　车 b3+　6. 王 f4　车 b4+　7. 王 f5　车 b5+　8. 王 f6　车 b6+　9. 王 f7，胜定。

3. g8 后！

引离黑车。

3. … 车×g8　4. 马 f8　车 g5　5. 马 g6！

守住 e5 格，黑车已不能回防。如这时 5. e8 后？车 e5+！　6. 后×e5，形成逼和。

5. … 王×g6

黑王被引入不利位置。

6. e8 后+

有参考价值的小型排局。

200

下篇　限着杀王

在这大类排局中，由白方先走，必须于事先规定的着数内将杀黑王，包括两步杀、三步杀、四步杀及多步杀。尚有逆杀、合杀等少见形式，暂从略。

创作上，同样要求结构是合理的，也不应存在多余的赘子。解题时，需有唯一正确的答案，变化应完整，不允许出现复解或遗漏。

此外，有一些影响艺术价值的因素。例如白方第一着棋不应吃黑子或将军，虽可以吃黑兵及使兵升变，但艺术性会降低；白方走过首着棋，最好不减少黑王可进入的格位数量。与此相反，若黑王活动余地加大，则艺术性相应增高；黑方持有隐蔽的抗击手段，会提升作品的艺术价值；白方在某些部位构成正杀、纯杀、节杀，观赏性更强；等等。

解题的构杀过程基本有两种形式：一是白方直接形成将杀黑王的威胁，黑方各种应答皆无法化解；二是白方利用等着，使黑方陷于逼走损棋的境地，每种走法黑王都被将杀。

第一节　两步杀

白方先走，于第二步棋将杀黑王，是限着杀王相对简单的形式。但这并不意味其内容很浅显，有些作品解答起来仍有相当大的难度，给人以美感。

看两个例局：

塞·洛伊德，1877 年

两步杀

1. 后 a1 !

威胁 2. 王 f7#，如 1. … 王 g8 则 2. 后×a8#。

1. … 象 g8　2. 王×g6#

德·埃博特，1902 年

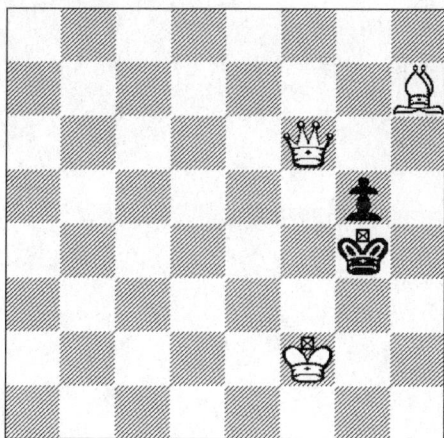

两步杀

203

1. 后 h8！

逼黑方自走损着，如 1. … 王 h4（或王 h3、王 h5）2. 象 f5#。

1. … 王 f4　2. 后 d4#

下面，我们先介绍白方利用威胁直接构杀的排局。

第 1 局

罗·林肯，1999 年

两步杀

作者是美国国际象棋杂志排局专栏的编辑。

这个排局容易解答。黑王已寸步难行，只有两个黑兵护驾，白方自然会想到以白格象构杀，但 1. 象×f7 成逼和，而 1. 象 h7 也是假象，因 1. … f5 切断白象至 b1 格的道路。

白方想要取胜需利用战术手段。

1. 马 c2！

伏 2. 马 b4#，借此引离黑 b3 兵。

1. … b×c2　2. 象×f7#

开拓思路。

第 2 局

埃·蒙特维德，1901 年

两步杀

作者是俄罗斯排局家。

黑王在中心不能走动，白方如何两步棋构杀？显然，白王和后仍需起监控作用，白马有机动余地，调至 b4 即成杀势。由此思路计算下去，正解即可求出。

1. 马 a6！

威胁 2. 马 b4#，并控制住 c7 格，防止黑王由此逃逸。白方欲擒故纵，先给黑王一个出路，再实施致命打击。

1. … 王 c6

否则白马构杀。

2. d5#！

随机应变。

在限着杀王排局中，白方所有子力（王和兵可除外）参与将杀，称为"合杀"。黑王被将杀时，邻格或被黑子占据，或每个空格只受一个白子控制，称为"纯杀"。两种形式相加，叫做"正杀"。在从事排局创作时，应考虑这些因素。缺少经验的爱好者解答排局，对此可略而不计。

第3局

亚·格林，1985年

两步杀

作者是俄罗斯著名排局家、冶金学博士。

黑王被困一隅，不难看出白方构杀的格位在g8和h7。但黑方可用象抵御直接攻击——1. 车e7 象e4，或1. 车g4 象d5。因此，白方需想到采取战术手段。

1. 车g6!

意在引离黑h7兵。另一白车仍位于e4，黑象已无法至d5防守g8格。

如1. … h×g6　2. 车h4#；

如1. … h5　2. 车h6#。

第4局

格·萨霍佳金，1966年

两步杀

作者是俄罗斯排局家。

白子围困住黑王，似乎可走 1. 马 4d5，伏 2. 车 a2#。但这是假象，黑方接走 1.… 马 c2　2. 车 a2+ 马 a3，使白方超时。

白方必须拓展思路。

1. 王 d6！

第 1 着棋走动白王，且给黑王让出 b5 格，使之可吃 b6 马，提升了小型排局的艺术性。现在，伏 2. 马 c6#，黑方无力化解。

如 1.… 王×b6　2. 马 c6#；

如 1.… 王 b5　2. 马 c6#。

两个变化皆为合杀。

第 5 局

索科洛夫，1937 年

两步杀

黑王深入对方底线，处境险恶。但黑车可贴身护王，1. 车 ag2 不成立，因 1.… 车 g7，白方来不及两步杀。经 1. 马 e3 车×e3，黑车仍能进入 e1 格。

解题要掌握双将杀的知识。

1. 车 a1！

产生 2. 马 e3# 的威胁。

1.… 车 e1　2. 车 f2#

黑方进车解双将，但自阻黑王活动；

1.… 车 a7　2. 马 e3#

遭遇双将，不可能一着棋吃掉对方两个叫将的棋子，王如躲避不开即被擒获。

第 6 局

阿达巴谢夫，1936 年

两步杀

白 b2 兵受黑车牵制，这时不能向前推进。显然白方应考虑使白后回撤至第 1 横排构杀，逼黑车移位，为防止黑王经 a2 出逃，白后必须监控此格。这样分析，有助于求得正解。

1. 后 g8!

一着两用，伏 2. 后 g1#，并控制住至关紧要的 a2 格。

1.… 车×b2+　2. 象×b2#；

1.… 车 a3　2. b×a3#；

1.… 车 a4　2. b4#；

1.… a4　2. 后 g1#。

第7局
伊·安德松，1941 年

两步杀

黑王位于盘心，得到黑马和黑象紧密防护。白方兵子形成围攻态势，打击黑王的任务落在具有穿透力的白马身上，但 1. 马 c7 是错棋，因黑方可应以 1. … 马 e5 及 1. … 马 e3。这里也要寻求一箭双雕的好棋。

1. 马 c3!

威胁 2. 马 b5#，同时监视住 e4 格。

1. … 马 e5　2. 后 b6#；

1. … 马 e3　2. 后 f 6#；

1. … 马 d6　2. e3#；

1. … 象×e2　2. 后 e4#。

第 8 局

卡·施列赫捷尔，1890 年

两步杀

作者是奥地利著名棋手，20 世纪初挑战世界冠军拉斯克未分胜负，距桂冠仅一步之遥。他同样喜爱排局，创作大量作品。

黑王被困边线，白子占据有利位置，但简单地走 1. 后×h7 达不到目的，黑方将续以 1. … a3 解杀。黑后守护着 b7 和 b1 格，阻止 1. 马 b7#及 1. 后 b1 再 2. 后 b4#，白后还有何侵入点？

1. 后 e4!

由此伏 2. 后 b4#，以引离黑后或 d5 兵。

1. … 后×e4　2. 马 b7#；

1. … d×e4　2. 马 c4#。

施列赫捷尔认为："在排局中，棋弈的科学与艺术因素以最纯正的形式结合在一起。"

第 9 局

维·梅尔尼琴科，1986 年

两步杀

作者是乌克兰排局家。

解答这个小型排局，需排除一些假象，不为简单的外表所迷惑。例如
1. 王 b4 b5（1. … b6　2. 后 c8#）；1. 后 d4 b6!；1. 象 e5 b5!（1. … 王 a7
2. 后 a5#，或 1. … b6　2. 后 a8#）；1. 象 c7 王 a7!，等等。

1. 后 d7!

指向黑方致命的弱点，威胁 2. 后 b5#。

1. … 王 a5（b6）　2. 后 b5#；

1. … b6　2. 后 a7#。

"知兵者，动而不迷，举而不穷。"

第 10 局
杰·哈顿，1948 年

两步杀

图形的对称，通常会产生和谐的美感，在围棋、象棋和国际象棋人工排拟的棋题中皆可见到，且产生"左右同形攻其中"的经验。这里有所不同，需进行简单的逻辑推理：白车守护住 e7 兵，白后指向底线即威胁构杀，黑方只得推进黑兵，暴露出 a4—e8 或 h5—e8 斜线，白后若能找出可相机进入其中任何一条斜线将杀黑王的格位，便达到两步杀的目的。

1. 后 h4！

唯一的正解。白后待机进入 a4 或 h5 格擒获黑王。错觉很多，例如 1. 后 a1 f6；1. 后 b1 f5；1. 后 g3 d6；1. 后 h1 d5，等等。

1. … d5　2. 后 a4#；

1. … d6　2. 后 a4#；

1. … f6　2. 后 h5#；

1. … f5　2. 后 h5#。

"因敌变化而取胜。"

第 11 局

格·莱纳尔，1923 年

两步杀

黑王被困角格，白方强子行动自由，似乎不难两步构杀。实际上，黑方三个弱子有相当强的抵御能力，在解答过程中白方容易进入误区。真实的弱点在何处？

1. 后 e5！

威胁 2. 后 h2#，黑方无法化解。1. 后×d4 是错觉，因 1. … 马 c2　2. 后 d1+马 e1，白方超时。白后沿第 8 横排及 h 线寻求两步杀，结果也一样。而棋子进入中心，可显示最大的机动和打击能力。

1. … 象×e5　2. 车 d1#

黑象被引离；

1. … 象 g1　2. 后 e4#

黑象堵塞黑王的出路；

1. … 王 g1　2. 后 e1#

黑象已不能遮将；

1. … 象×d5　2. 后 h2#。

防不胜防。

第 12 局
奥列申，1936 年

两步杀

黑王在盘心暴露在外，虽有两个空格可走，难逃白方强子的打击，危如累卵。白方的后、车控制着第 3 横排，但偏于一翼，必须拉开距离，使后进入中线构杀。

1. 车 g3！

正确的选择，伏 2. 后 e3#。如 1. 车 f3？似佳实劣，因 1. … d4　2. 后 a8+　车 d5。又如 1. 车 h3？，黑方可应以 1. … 王 f4 解杀。现在，白车监控住 g 线，黑王已无法逃逸。

1. … 王 d4　2. 后 b4#；

1. … 王 f4　2. 后 f3#；

1. … d4　2. 后 f3#；

1. … f4　2. 后 d3#。

第 13 局

卡谢耶夫，1930 年

黑王被禁边线，黑车和黑象自远方护卫。白后位置较为消极，必须改善其处境，使之积极投入战斗，以有利于构杀。

攻击点在哪里？

1. 后 d5！

白后进入中心，直指要害，威胁 2. 后 a8#。同时，仍然保持与 a5 兵的联系，使白车可相机侵入 b6 格构杀。1. 后 g2 是错觉。

1. … 车 c6

黑车阻碍白后进入 a8，但隔断黑象对 b5 格的监视。

2. 后 b5#

或者是

1. … 象 c6

黑象拦阻白后，也切断黑车对 b6 格的控制。

2. 车 b6#

使黑子顾此失彼，自相妨碍，是排局创作的常见手法。

第14局

阿·列别杰夫

两步杀

黑王遭白方重兵围困，黑车和黑象防守着重要的 f7 格及 b1—h7 斜线。观察到两个黑子的线路交会于 f5 格，白方应考虑运用交叉断路的战术手段。

1. 象 f5！

白象进入断点，伏 2. 后 f7# 及 2. 马 g6#。

1. … 车×f5　2. 马 g6#；

1. … 象×f5　2. 后 f7#。

黑方顾此失彼。

第15局

戈里斯拉夫斯基，1971 年

两步杀

黑王尚有 a6 格可走，且得到黑马近身护卫。在 1. 后 e6+时，可应以 1. …
马 d6。1. 车 c1 也是假象，对 2. 车 c6#的威胁，黑方接走 1. … 马 c3 即可化
解。由此推断，使我们想到限制黑马的行动。

1. 车 b1！

牵制住黑马，已经伏 2. 后 e6#。局势豁然开朗。

1. … 王 a6 2. 后 c6#

或者是

1. … e5 2. 后 g6#

第 16 局

列·库贝尔，1941 年

两步杀

作者是享有世界声誉的排局家，我们已介绍过他创作的胜和习题。限着杀
王也是他的擅长。

白方双车占据有利位置，如无黑子防守，立即 1. 车 h4 或 1. 车 h8 将杀。
但黑车和黑象可用来遮将——1. 车 h4+ 车 h5，或 1. 车 h8+ 象 h7。白后似乎
也无用武之地，因黑王有两格可走，在 1. 后 e6+时，黑方应以 1. … 王 h5 或
1. … 王 h7，g6 格由黑象守护。

解答过第 14 局，我们对限着杀王排局中利用交叉断路已有经验，找出正
解不会太困难。

1. 后 f5！

白后在无保护的条件下进入断点，黑子无法兼顾 h5 及 h7 格。

1. … 车×f5 2. 车 h8#

黑车阻住象路，使之不能回撤至 h7；

1. … 象×f5 2. 车 h4#

黑象阻住车路，使之不能 h5 遮将。

兼有实用和审美价值。

第 17 局

埃·哈斯伯格，1945 年

两步杀

黑王位于边线，黑方双车从正面构筑屏障，看来阵地的弱点在黑王后方，但直接调白后侵入 h6 格构杀的想法并不恰当，因黑方可接走 1. … 王 h5。就是说，白后应指向 h7 格。那么，选择何种途径才能达到两步杀的目的？

1. 后 c2！

兼顾两条战线的好棋。若改走 1. 后 g8 或 1. 后 f5，黑方续以 1. … 车×g7，白方超时。现在威胁 2. 后 h7#，黑方已无力有效化解。实际上，黑 h2 车也是潜在的攻击目标。

1. … 车×c2 2. 车 h7#

黑车被引离 g 线，白双车构杀；

1. … 车×g7 2. 后×h2#

黑车被引离第 2 横排。

第 18 局

埃·库克，1886 年

两步杀

这个排局选自本书作者珍藏的 1886 年于美国出版的《国际象棋杂志》，其主编是棋史上第一位世界冠军维·斯坦尼茨。

黑王和黑车活动余地相当大，增加了解题的难度。但冷静分析局势，难题也会迎刃而解。首先，在 1. 马 f3+时，黑方可走 1. … 王 f4，使我们想到引离黑车，由白车监控住 f4 格；进而要看出黑方有 1. … 车 f4+的紧着，就是说只能迫使黑车沿 g 线走动；再有，需考虑黑王的去向。

于是，正解浮现在眼前。

1. 后 g1！

白方弃后，一着三用：牵制、引离并直接攻击黑车，黑方已无法解杀。

1. … 车×g1　2. 马 f3#；

1. … 王×h4　2. 后×g4#；

1. … 王 f4　2. 车×g4#。

逻辑与战术。

第 19 局
保·克列斯，1929 年

两步杀

作者是爱沙尼亚著名棋手、国际特级大师。这里是他 13 岁时在一家报纸上发表的作品，开始显露才华。

黑王背靠边线，藏身于黑方兵、子构成的防御圈内，似乎可保无恙。白方如何寻求突破口？正面直接攻击不成立，经 1. 后×a2+ b×a2　2. 象 c2+，黑方应以 2. b3。而黑王后方的破绽，黑马有能力防护，例如 1. 后 d3 伏 2. 后 a6#，黑方接走 1. … 马 c7，或 1. 后 f5 马 f6 等等。

具有一定战术素养的爱好者，会想到运用战术手段来求解，打击的目标是黑 a2 象及 b3 兵。

1. 象 c2!

白象指向 b3 兵，进行牵制和引离。牵制战术的功用之一，是使被牵的中间子暂时失去防御能力，因此白方已威胁 2. 后×a2#。

黑方被点中要害，吃白子与否皆成杀势。

1. … 象×b1　2. 象×b3#；

1. … b×c2　2. 后×a2#。

在实践比赛中，克列斯也为我们留下了大量战术佳作。

第20局

拉·科夫曼，1925 年

两步杀

此为俄罗斯著名排局家 16 岁时的创作，展示出丰富的想象力。

黑王位于中心，有 f6 格可走。白方子力分散，兵种较单调，怎样用两步棋构杀？在 1. 后 g7+时，黑王固然无路可逃，但黑象可退至 f6 遮将；若走 1. 后 d1 伏 2. 马 d7#，则黑王提前经 f6 格脱身；两个白马需监控黑王，也不能随意移动……于是，使人产生"山重水复疑无路"的感觉。

路在何方？依靠细致的观察能力，会发现在大斜线上与 g7 格相对应的 a1 格，白后一旦进入，黑王即将被杀。实际上，正解已经找到。

1. 王 a2!

为白后腾空 a1 格，伏 2. 后 a1#。

1. … 王 f6　2. 马 d7#（这里 2. 后 a1+是错棋，因 2. … e5）；

1. … 马 d5（意在 2. 后 a1+ 马 c3）2. 马 d7#；

1. … 马 f5（准备 2. 后 a1+ 马 d4）2. 马 g4#；

1. … 象 e1（或 1. … 象 f2）2. 后 g7#。

第 21 局

亚·彼得罗夫，1864 年

两步杀

作者是俄罗斯 19 世纪的著名棋手，也从事排局创作。

黑王屏障尽失，黑方主力偏处于后翼，虽守护着 d8、e8、h7 等要害部位，但"四面边声连角起"，在白方利用交叉断路的打击下，黑王仍于两回合内被擒获。白方必须找准断点。

1. 后 d7！

威胁 2. 车 e8# 及 2. 车 h7#，黑方难以两全。

1. … 车×d7 （防 2. 车 h7#，但黑车自阻 a4 象路） 2. 车 e8#；

1. … 象×d7 （防 2. 车 e8#，但黑象自阻车路） 2. 车 h7#；

1. … 马×d7 2. 车 h7# （错觉是 2. 车 e8+ 马 f8）；

1. … 象×f6 2. 车 e8#。

第 22 局

约·波斯皮希尔，1887 年

两步杀

作者是捷克著名排局家，享有国际声望。

黑王位于中心，有 c4 格可走，在不同方向得到黑兵和弱子的防护。白后和车虽形成闪击结构，但直接走动白车显然无助于下一着棋构杀。这样看来，解题的关键是白方能否控制住 c4 格了。

1. 后 c3！

白方主力为全局作出牺牲，现在伏 2. 马 f6#。黑方可考虑接受弃子，或监视 f6 格，但黑王无法摆脱厄运。

1. … 王×e4（黑王被引入不利位置）2. 后 f3#；

1. … d×c3（黑兵被引离）2. 马 f6#；

1. … 马×e4（黑马被引离）2. 后 b3#；

1. … 马×d7（黑马被引离）2. 后 c6#；

1. … 象 h4（黑象被引离）2. 后×d4#。

前 3 个变化为正杀。

第23局

瓦·霍尔茨豪森，1935 年

两步杀

作者是德国著名排局家、国际象棋大师。

这个排局的原型是 19 世纪的一个经典作品，德国排局家将其构图大为简化，进行了再创作。

黑王身陷对方腹地，遭受着严重威胁，处境险恶。白车与 a3 象的闪击结构触目可见，但仔细观察，移动白车实际上达不到两步杀的要求，例如 1. 车 a2+ 象 b2 等。为求得正解，需扩大视野，将另一侧翼也纳入攻击范围，使黑方不能左右兼顾。

1. 象 f8！

白象长途跋涉，调向王翼，直指黑方主力，同时为白后腾清道路，伏 2. 后 a1#。

1. … 象×b2　2. 象×h6#（致命一击来自意外的格位）；

1. … 王×b2　2. 后 a3#（后、象遥相呼应）；

1. … 马 c2　2. 后×c2#

第 24 局

威·申克曼，1909 年

两步杀

作者是美国著名排局家。

白方子力占绝对优势，严密控制着黑王，将其困在中心。但黑马防守住重要的 f4 格，d3 和 e2 兵形成一道屏障，从正面掩护着黑王，遮挡住白车。白子大都行动自由，但不能随意改变位置，否则包围圈会露出缺口，或遭遇反击，例如 1. 王 d7　马 f6+。看来，寻求正解相当困难。

拓宽思路，白车的作用怎样发挥？自然想到 1. 后 e3+ 王 f6 的变化，白车先控制住 f 线如何？

1. 车 f1！

白车舍身助攻，已威胁 2. 后 e3#。

1. … e×f1 后　2. 后 b2#（黑 e2 兵被引离）；

1. … e1 后　2. 车×e1#（白车去而复返。不可走 2. 后 b2+ 后 c3）；

1. … 马 g3（意在 2. 后 e3+ 马 e4）2. 后 f4#。

第 25 局
威·梅雷迪思，1889 年

两步杀

这也是美国排局家的创作。

黑方兵、子合力护王：g5 兵守护 f4 格；黑后监视 b5、d4 和 d7 格；黑马防守 c5 格，防止 1. 后 c5+。此外，白方并没有维持子力基本结构的等待着法，因而必须通过直接威胁形成两步杀。

我们可以动用逆向思维，先看出白后若能进入 g3 或 h2 格，即无阻地将杀黑王，再设定途径，验证是否可行。1. 后 g4 时，黑方可续以 1. … 王 d6 2. 后 g3+ e5，白方超时。于是，会想到调后至 h2 格。

1. 后 d2！

威胁 2. 后 h2#，迫使黑方兵、子改变位置，以不同方式两步杀。

1. … 王 d6　2. 马 c4#（黑后被白后所牵制，不能吃白马）；

1. … 后×d2　2. 马 c4#；

1. … 后×b3　2. 马 d7#；

1. … 后×f3　2. 后 d4#；

1. … 马×b6　2. 后 h2#；

1. … g4（希望 2. 后 h2+ g3）2. 后 f4#。

第 26 局

杰·安德森，1915 年

两步杀

作者是英国排局国际大师。

英国排局国际特级大师科·曼斯菲尔德，曾任国际棋联排局常设委员会主席，经常将这个作品推荐给爱好者欣赏，认为找出正解相当困难。

黑王被白子围困，白 b1 车和 b3 象形成闪击态势，极具威胁性，但立即 1. 象 c2+，黑方可应以 1. … 王 c4。由于黑象攻击着白车，白象沿 a2—g8 斜线闪击的时机并不成熟。白方使后、车率先投入战斗，黑方同样能化解，经 1. 后 e5+ c5　2. 后 e8+ 王 b4，或 1. 车 a4 车 g4　2. 象 c2+ 车 b4，白方皆超过时限。

为求得正解，需打破常规思考问题。在两步杀排局中，白方处于时间紧张状态，通常白王位置的隐蔽性很重要。因此，首着棋设计成走动白王，使之暴露在外有可能遭受将军时，作品的艺术性大为提升，本例即是如此。

1. 王 d6！

白王主动进入开阔地带，会受到黑车攻击，但后者至 d3 或 g6 照将，要切断 h7 象对白车的监控，使白方得以启动闪击功能，解将还杀。而白王离开第 7 横排，出现 2. 后 b7# 的威胁，黑王虽得到两个格位，仍不能逃脱。

1. … 车 d3+　2. 象 d5#；

1. … 车 g6+　2. 象 e6#；

1. … 王 b4　2. 王×c6#（又一闪击）；

1. … 王 b6　2. 象 c2#。

经典之作。

第 27 局

埃·贝尔德，1893 年

两步杀

作者是英国杰出的女排局家，享有国际声誉，其作品多次在竞赛中获奖。

黑王位于边线，由主力护卫。白方兵、子众多，但强子偏离在王翼，使人产生鞭长莫及的感觉。仔细分析局势，可发现黑子结构上的隐患：黑后被 e8 白象所牵制，第 4 和第 7 横排防线薄弱。当然，仓促选定 1. 车×h4 是错误的，黑方可接走 1. … 马×d8，黑王得到 a5 格，白车与 e4 马再闪击失去效果。因此，应考虑调白后至第 4 横排，而保留白车控制第 7 横排。

1. 后 g4！

现在威胁走动 e4 马构杀。

这个马可去的格位很多，似乎会出现复解。实际上并非如此，对黑方每一种应着，相应的正解都是唯一的，体现出作者的创意。

1. … 后×e8　2. 马 d6#（白马攻击 b5 格）；

1. … 象 g3（g5）　2. 马×g3（g5）#；

1. … 象×f2（f6）　2. 马×f2（f6）#；

1. … 马 d2（d6）　2. 马×d2（d6）#

1. … 马×c3（c5）　2. 马×c3（c5）#；

1. … 马×d8　2. 车 a7#；

1. … 马 a3　2. b3#；

1. … 马 a5　2. 马 b6#。

"天机云锦，妙在剪裁。"

228

第 28 局

魏普汉，1973 年

两步杀

作者是印度尼西亚排局国际特级大师。

"平沙列万幕。"盘上 21 个棋子纵横交错，使人有些眼花缭乱。面对如此复杂的局势，必须冷静察看，方能理出头绪。黑王不能走动，但简单地 1. 后 h3+ 车×h3；1. 车×f4+ 后×f4；1. 象 d7+ 马 e6，白方达不到目的。而 1. 车× a4 马 d4；1. 后×h1 后×b4 等，白方也超时。致命的反击点在哪里？白方的 e7 车及弱子逼近黑王，自然想到发挥它们的作用——走动白马使车进入 e5 格构杀。首先，要为白马选择正确的格位。

1. 马 c6!

直指要害，意在引离黑马，并伏 2. 车 e5#。黑方已无力化解：

1. … 马×c6　2. 象 d7#；

1. … 马 e6　2. 车×f7#；

1. … 后 a1　2. 车×f4#；

1. … 车 e1　2. 后 h3#；

1. … 象 d4　2. 后 c2#；

1. … d4　2. 后 e4#；

1. … f6　2. 象 g6#。

这个排局成为佳作，不但正解变化多，且存在大量似是而非的错解，增加了难度和创作价值：

1. 马 c4 后 a1!（白马遮住 b4 车，解脱了黑后，使之守住 e5 格）；

1. 马 d3　象 d4！（白方已无 2. 后 c2#）；

1. 马 f3　d4！（黑车守住 e5 格，白方无 2. 后 e4#）；

1. 马 g4　车 e1！（白马妨碍 2. 后 h3#）；

1. 马 g6　f6！（1. … f×g6？　2. 象×g6#）；

1. 马×f7　马 e6！（白马占住 f7 格，白车不能进入该格构杀）；

1. 马 d7　马 c6（黑马守护 e5 格）

应当指出，在解题和实际对局中，通常需要仔细观察、综合分析，以寻求可行的着法。但富有经验者有时动用直觉判断，也能收到功效。例如，这里对白马的 8 种走法，未必逐一排查，大致感到马至 c6 兼有腾空 e5 格及引离黑马的双重作用，即首先进行验证。直觉闪现与顿悟，在棋弈思维中占有重要地位，当然必须经过知识与经验的长期积累。

以上介绍了白方第一步棋构成将杀威胁的局型。

下面转入逼走损招的例局。在限着杀王作品中，这类局型也占有相当大的比重，特征是白方需要运用等待的着法。

第 29 局
埃·贝尔德，1924 年

两步杀

此为英国女排局家创作的超小型作品。

盘上子力寥若晨星。白方首着构不成直接将杀的威胁，先要改善子力位置，等待对方自走损棋，恶化子力结构。

1. 王 f6！

白王进一步逼近黑王，压缩其活动范围，预先设定出将杀模式。轮黑方走棋，黑王只能自投罗网。

    1. … 王 h6　2. 车 h3#；

    1. … 王 g8（h8）　2. 车 d8#。

第 30 局

塞·洛伊德，1880 年

两步杀

此为美国排局艺术大师创作的小型排局。

白方重兵围困住黑王，黑兵也不能走动。轮白方走棋，必须采取欲擒故纵的策略，否则即成逼和。由何处暂时网开一面？这取决于事先构思的将杀模式而定。

1. 王 f5！

白方放弃保护 d5 马，并主动切断白后对 d7 格的控制，为黑方提供了两种选择。

1. … 王×d5　2. 后 d1#！

黑方接受弃子，双方的王形成对位。白后回撤到原始位置将杀黑王，含有打破常规的意味——通常，在攻击中子力总是向前进的；

1. … 王 d7　2. 王 e5#

黑方拒吃，转而进攻白车。白方已预先设计好闪击方案，使白王回到中心监控住 d6 格，直接参与构杀。

第 31 局

奥·沃尔伯格，1932 年

两步杀

作者是美国著名排局家，12 岁即开始创作。

与上例不同，黑兵在此能够推进。于是可利用逆向思考，判明黑兵至 d5时，白方调车进入第 6 横排即成杀势。那么，白车应事先平移到何处？既然白车撤离 d 线，黑王已能经 d5 逃逸，白车先至 e 线加以限制是合理的想法，而白车到 e2，黑王又可走上 b5 格，当然也不安全，因为白方出现以闪击构杀的机会。于是——

1. 车 e2!

有益的等着。

1. ⋯ 王 d5　2. 象 g2#;

1. ⋯ 王 b5　2. 车 c2#。

白方以两个远射程子力构筑闪击形态，等待黑王进入，是限着杀王的常见题材，称之为"安德森杀法"。

第 32 局

雅·弗拉基米罗夫，1971 年

两步杀

作者是俄罗斯排局国际特级大师，多著述。

黑王有 e5 格可走，黑兵能选择推进一格或两格。白方子力较为分散，显然应加以协调，为使 a6 车发挥更大作用，不难想到也把它调向王翼。

1. 车 h6！

现在，黑方只得逼走损招。错棋是 1. 车 ag6，因为连接双车在此不适用，黑方将应以 1. ⋯ 王 e5　2. 车 g5+ 王 d6，白方超时。

1. ⋯ 王 e5　2. 车 g5#；

1. ⋯ e6　2. 车 h5#；

1. ⋯ e5　2. 车 f6#。

第 33 局

兹·马克，1928 年

两步杀

作者是捷克著名排局家。

黑王身陷对方腹地，但有 e1 格可走，黑兵将要升变，使白方感到相当棘手。例如，1. 王 f3 不成立，因 1. … e1 马+！。若是 1. d4，黑方不会应以 1. … 王 e1 2. 后×e2#及 1. … e1 后 2. 后 c2#，而同样使兵升变为马，守住 c2 格。

显然，正解要求白象投入战斗：

1. 象 f1！

黑方已无满意着法，尽管有多种选择，黑王厄运难逃。

1. … e×f1 后 2. 后×f1#；

1. … e1 后 2. 后 c2#(白象控制住 e2 格)；

1. … e1 马 2. 象 e2#！（黑马堵塞住黑王）；

1. … 王 e1 2. 后×e2#。

第 34 局

列·库贝尔，1940 年

两步杀

作者是拉脱维亚排局艺术家。

黑方的 h6 兵能走动，经兵 h5，黑王便可由 h6 格逃遁。白方需预先防范，将打击点设定在 g6，此外别无良策。

1. 象 f7！

等待黑兵至 h5，或黑王至 h5。

1. … h5　2. 车×g6#；

1. … 王 h5　2. 车 6f5#（黑 g 兵受白象牵制）。

第 35 局

马·弥利尼米，1970 年

两步杀

作者是芬兰排局国际大师。

黑方只有 b 兵可走，解题时，白方要考虑到这个兵能够升变为不同兵种。就是说，单一的威胁在此无法奏效：1. 车 d8 b1 马！；或 1. 车 c8 b1 后。因此，白方应寻求一箭双雕的好棋。

1. 车 a2！

经过以上简短分析，我们对这步表面上有些古怪的走法，便不会感到惊奇了。白车隔着即将推进的黑兵，同时指向 c2 格与 d2 兵，待机而动。

1. … b1 后　2. 车×d2#；

1. … b1 马　2. 象 c2#。

第 36 局

符·基奇金，2001 年

两步杀

此为俄罗斯一位排局爱好者的习作。

小型排局结构简明，但富有变化。白马占据着有利的助攻位置，白后的走法有多种选择，解题时须排除假象，为白后找到唯一正确的立足点。

1. 后 e7！

白后至 e7 位置最佳，同时瞄准多处攻击目标，使黑方陷于困境。错觉是 1. 后 c1 王 h7！（1. … 王 h5　2. 后×g5#）；1. 后 c3 g4！（1. … 王 h7　2. 后×g7#，或 1. … 王 h5　2. 后 h3#）；1. 后 e5 g4！；1. 后 g3 王 h7；等等。

1. … 王 h5　2. 后×g5#；

1. … 王 h7　2. 后×g7#；

1. … g4　2. 后 h4#。

一着三用。

第 37 局

卡谢耶夫，1976 年

两步杀

这里触目可见的，是黑王准备经 b4 格走向自由空间。注意到这个特点，解题就容易了。白方只有走后 e1 才能监控住 b4 格，同时要计算清黑兵向前推进的各种后果。

1. 后 e1！

1. … b5　2. 后 a5#；

1. … c4　2. 后 e7#！；

1. … d3　2. 后 c3#。

第 38 局

瓦·卡尔金娜，1964 年

两步杀

作者当时是一位女中学生。排局原载苏联《少先队真理报》。

黑王可吃 f5 白兵，两个黑兵能推进。在 1. 马 g7 时，黑方将应以 1. … d4。

1. 马 d4！

同样保护 f5 兵，但封锁住 d4 格，逼黑方自走损着。

1. … 王×d4　2. 后 c3#；

1. … 王 f4　2. 后 g3#；

1. … e3　2. 后×e3#。

第 39 局

保·莫菲

两步杀

作者是美国棋手，19 世纪中叶至欧洲访问，所向披靡，战胜各国强敌，成为棋史上的无冕之王。

在一次聚会中，他向朋友们展示了构思出的小型排局，请他们解答。

黑子局促在盘角，只有象和 h 兵可走，但前者防护着后者，除非为规则所迫，不敢擅自移动，而 h 兵若推进到 h6，黑王的安全便得到保证。现在轮白方走棋，这里可以借用围棋的一个常识——有时彼之好点即我之好点，于是使白车抢先占据 h6 格，逼黑方自走损着。

1. 车 h6！

压制住黑 h 兵是解题的关键。1. g×h7 象 d5，白兵反而保护住黑王。

1. … 象~　2. 车×h7#；

1. … g×h6

黑兵被引离。

2. g7#

清新俊逸。

第 40 局

保·克列斯，1933 年

两步杀

此为爱沙尼亚国际特级大师少年时的创作。

黑王已成白子囊中之物，黑马暂时守护着重要的 b6 及 c7 格，使白方无法直接构杀。由此想到，白方应考虑走等着。1. 王 e6 是假象，因 1.… 马 c7+，黑马利用照将让白方超时。又如 1. 王 d8 王 d6，或 1. 车 b8 王 c7 等，结果也一样。

1. 车 d7！

有经验的爱好者，已有能力快速看出这着棋，视黑马走向，白车相机而动。

1.… 马 b6　2. 车 c5#；

1.… 马 c7　2. 车 d6#。

第 41 局

约·皮克，1998 年

两步杀

这个排局选自美国国际象棋杂志。对两步杀的作品来说，黑马吃白象带将军，更增加了白方的紧迫感，也提高了解题的兴趣。

仔细观察，只要白后位于第 5 横排，白方就不担心 1. … 马×f8+，因可应以 2. e×f8 后#。下一个难度，是黑马另有多种走法，黑王可至 f7，黑兵可进至 e5，线索纷乱，需要理出头绪。在黑王到 f7 或黑兵到 e5 时，白后须攻击黑马；在黑马走动时，白后须控制 f7 格。综合考虑即得出正解：

1. 后 h5！

1. … 王 f7　2. 后×g6#；

1. … e5　2. 后×g6#；

1. … 马×f8+　2. e×f8 后#；

1. … 马×e7　2. 象 g7#；

1. … 马 e5（f4、h4、h8）　2. e8 马#！。

"践墨随敌，以决战事。"

第 42 局

塞·洛伊德，1859 年

两步杀

此为美国排局艺术大师的创作，广为流传。

黑王有象、兵掩护，白方无力直接构杀。白方强子虽具威力，却要从左右两面钳制黑子，相宜的等着在何处？仍可由最后的杀势逆推，在此过程中不能忽略白王的作用。

1. 车 e1！

黑方陷入困境。

1.… 王×e1　2. 后 d2#（黑王被引入不利位置）；

1.… 象 g2（不让白后至 g1）2. 后 h4#（雅致的构图）；

1.… 象 e2　2. 后 g1#。

第 43 局

尼·贝尔奇科夫，1971 年

两步杀

黑双马连环，贴身护卫黑王，使白方强子不能进逼。白方构杀，需有白王和马助攻，前者已经到位，后者要选择有益的等着。

1. 马 d7!

白马控制 b6 及 c5 格是解题的关键。此后，黑方逼走损招，黑王有两格可去但于事无补。

1. … 王 a5　2. 后 b6#（黑 a4 马被白车牵制）；

1. … 王 c4　2. 车×a4#（白后牵制 c5 马）；

1. … 马 c3（或他处）　2. 后×c5#；

1. … 马×d7（或他处）　2. 车×a4#。

本局充分展示战术的功用。

第 44 局

弗·布龙，1955 年

两步杀

作者是乌克兰排局国际特级大师。

骤然看来，似乎黑方两回合内相当安全。白方无力以直接威胁成杀，1. 车×f2+ 缺少后继手段，而 1. 后 e6 指向 h3 格，黑方可接走 1. … 车×f1。

可能想到检验 1. 后 e1 不太困难，但必须缜密审视，看出所有变化。

1. 后 e1！

逼近黑子，待机而动。

1. … 车×f1　2. 后 g3#；

1. … 车 g2　2. 车×h1#；

1. … 王 g2　2. 后×f2#；

1. … 象 g2　2. 后 e5#！。

第 45 局

尤·扎尔科夫，2002 年

两步杀

作者是俄罗斯一位高水平排局爱好者。

黑方王、马、f6 兵皆有棋可走。白方强子联结于黑王一侧，有经验的爱好者很快会认识到对黑王的另一侧也要进行监控，以免黑王由那里脱身。简单地 1. 车 g2 当然无济于事，应考虑发挥白后的高度机动和打击能力。

1. 后 e8！

兼顾中路和王翼，并构成间接牵制。黑方有多种应着，但黑王避免不了下步棋被歼。

1. … 王 f5　2. 后 h5#（恰到好处）；

1. … f5　2. 后 h8#（大斜线的破绽）；

1. … 马 d5（或至他处）2. 车×d5#。

第 46 局

马·尤伟，1927 年

两步杀

作者是荷兰国际特级大师、国际象棋史上第 5 位世界冠军，1975 年曾以国际棋联主席身份访问我国。

黑王深藏不露，直接 1. 车 c1 d6（1. … c5？　2. 后 b8#），或 1. 后 a2 d6 等，白方将超过时限。正解须压制住黑兵，使黑方逼走损着，自撤藩篱。

1. 后 d6！

1. … c×d6（王前兵被引离）2. 车 c1#；

1. … c6（暴露出 h2—b8 斜线）2. 后 b8#；

1. … b5（使白后平移）2. 后 a6#；

1. … 车~　2. 后×d7#。

第 47 局

斯·埃伦

两步杀

此为法国排局家 19 世纪中叶的作品。

黑双车护王，白后若在 d5，经 1. 车×a7+ 王×a7 2. 后 a5#，或 1. 车×b8+ 王×b8 2. 后 d8#，不难达到目的。此时局面，白后必须先与双车建立联系，等待对方自走损棋。不难看出有三个格位可选，而其中两个是错误的。

1. 后 h1！

保持对 b7 兵的牵制至关重要。如改走 1. 后 d4 或 1. 后 e5，黑方接走 1. …车 a6+，白方过时。

1. … 车×a1 2. 后×a1#；

1. … 车×h8 2. 后×h8#；

1. … 车 a6+ 2. 车×a6#。

在攻击中，不可忽略对方较为隐蔽的防御着法。

第48局

格·贝尔纳德，1919年

两步杀

黑王走动不得，致命的打击可能来自 d1—h5 及 e8—h5 斜线两个方向。当然，立即 1. 后 f3+或 1. 后 f7+操之过急，因 1. ··· 王×h4。我们假设轮黑方走棋，黑马一旦离开 f2 格，白象便保护住 h4 兵，为构杀做好准备。黑方缺少有益的等着，是限着杀王排局中逼走损棋类型的基本特征。白方怎样转让先行权？白马要监视 g6 格，白象待机发挥作用，重担自然落在白后肩上。为白后选择走向必须考虑两点，一是仍然保住 h4 兵，二是可相机进入上述斜线构杀。

1. 后 a4!

错觉是 1. 后 c4，经 1. ··· 马 d3，白后到不了 e2 格，接走 2. 后 f7+时，黑方续以 2. ··· 王 g4。

1. ··· 马 g4

黑马自阻黑王出路，实属无奈。若改走其他格位，白方接走 2. 后 d1#。

2. 后 e8#

第 49 局
列·库贝尔，1907 年

两步杀

此为排局大师的早期作品。

黑王藏身在盘角，白方子力兵交接刃，但不存在简单构杀的手段——白车若位于 b1—b5 格情况就不同了，续以 1. 后×a7+! 王×a7　2. 车 a1#，即成杀势。

在现有结构，可逆向观察：如轮到黑方走棋，黑象吃白马将削弱 b7 兵，c7 兵吃白车暴露出 c 线，白后针对这两种改变的交会点在 c6 格，而白后进入 c6 格，还牵制住 b7 兵……

1. 后 c6!

白后主动送吃，与车、马高度协调，完全钳制住黑方，使之无满意着法可走。

1. … b×c6（吃白后，b7 兵被引离）2. 车 b8#；

1. … a×b6（吃白车，a7 兵被引离）2. 后 a4#；

1. … c×b6（c7 兵被引离）2. 后×c8#；

1. … 象×d7（象被引离）2. 后×b7#；

1. … a5（同样是损着）2. 车 a6#。

选注这个棋局，不由得想起实战中出现的一例精彩动人的战术组合。

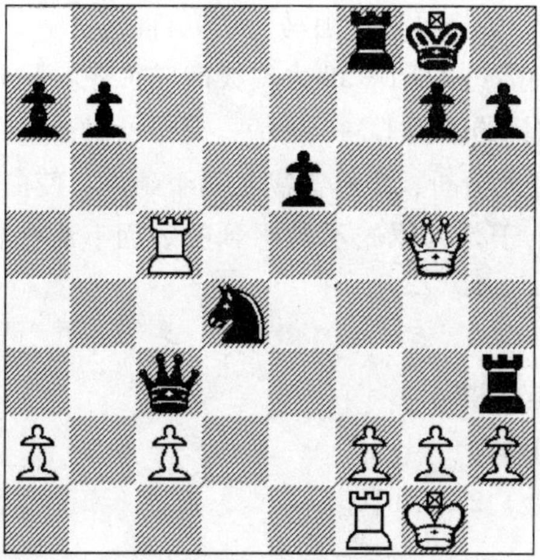

两步杀

如图局势，见于 1912 年在波兰举行的国际赛中，美国特级大师弗·马歇尔执黑棋。

他走出使人们极感惊讶的 23. … 后 g3！！，对方审视之后，放弃抵抗。可能的变化是 24. h×g3 马 e2# 及 24. f×g3 马 e2+ 25. 王 h1 车×f1# ，或 24. 后×g3 马 e2+ 25. 王 h1 马×g3+ 26. 王 g1 马×f1 27. g×h3 马 d2，黑方多子胜定。

马歇尔在《棋弈事业 50 年》一书中回忆，当时在场的观众激动不已，手中没有鲜花，投向他许多金币！

第 50 局

尼·马克西莫夫，1898 年

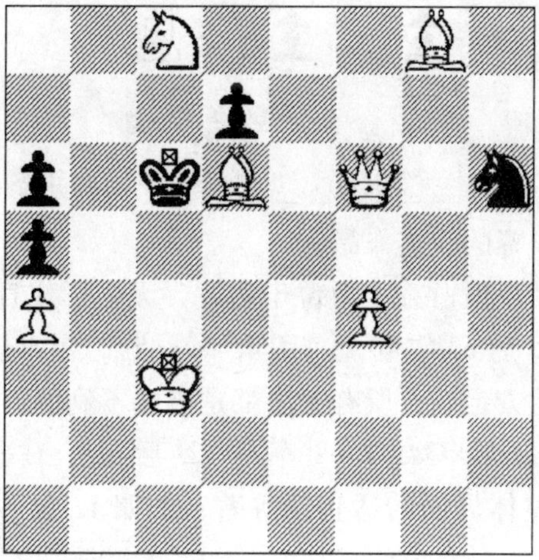

两步杀

作者是俄罗斯早期排局家。

249

结构较开放，黑王有 b7 格可退，黑马行动更自由。

细心察看，会发现白后进入 h1—a8 大斜线即成杀势。但 1. 后 d4 伏 2. 后 d5#及 2. 后 e4#，达不到目的，因 1. … 王 b7，黑王及时逃逸。这时 c8 马无子保护，要被黑王吃掉。经此分析，正解需满足两个条件：使白后有机会走上大斜线，同时看护住白马。于是，原先不易想到的表面上有些古怪的答案浮现出来。

1. 后 h8！

一着两用。黑方逼走损棋。

1. … 王 b7　2. 象 d5#；

1. … 马×g8（或他处）2. 后 h1#。

兼权则明。

第 51 局

纳·科索拉波夫，1953 年

两步杀

此为排局初学者创作赛的获奖作品。

黑王在中心不能走动，但白方主力位于边线，无力形成直接将杀的威胁。1. 后 f2 伏 2. 后 d4#及 2. 后 e3#是错觉，因 1. 车×d5+，白方超时。

换个角度看，如轮黑方走棋，所有着法都是极端不利的：1. … 车×d5+ 2. 象×d5#；1. … 车 e5　2. 后×f3#；1. … 车 f4　2. 后 e1#；1. … f2　2. 后 e3#。不过，白方缺少不改变整体局面的适宜的等着，例如 1. 象 c4 时，黑方续以 1. … b3。

进一步考虑，应寻求黑方先行不利的另一结构，黑方每着棋仍招致杀势，但样式大不相同。解题过程中，开阔视野，也要注意到黑方后翼上的破绽。

1. 后 b8!

白方保持对 e5 和 f4 格的控制很重要。

1. … 车×d5+　2. 象×d5#；

其他变化为：

1. … 车 e5　2. 后×b4#；

1. … 车 f4　2. 后 e8#；

1. … f2　2. 车 e3#；

担任裁判工作的一位著名排局家，认为可将图中的白象移至 a2，b4 黑兵移至 a3，去掉 d2 白兵，增添 d1 白马。这样，即多出 1. … d2　2. 象 b1#的变化。

第 52 局

亚·加利茨基，1892 年

两步杀

作者是俄罗斯早期著名排局家。

黑王位于盘心，双马及 f4 兵保护着重要格位。白方子力较为分散，后、马不能随意走动，象也无法有效投入攻势，促使我们想到进一步发挥白兵的作用，首先是 g 兵，由它代替白后监控 f5 格。当然，要考虑到吃过路兵的特殊规则。

1. g4!

有利的等着，使黑方陷于困境。

1. … 马 c1~　2. 后 d3#；

1. … 马 c7~　2. 后 d5#；

1. … 王 f3　2. 马 g5#；

1. … f3　2. 后 a4#！

1. … f×g3　2. 后 g4#。

第 53 局

穆·费格尔，1897 年

两步杀

作者是奥地利排局家。

黑王有 e4 格可走，黑后行动也相当自由，这增大了解题的难度，但总会有蛛丝马迹导引思路。首先，如果黑后未监视 d6 格，白 b5 马可到那里构杀；其次，白子若能控制 e4 格，就出现马 d4 及兵 e4 将杀的机会。

1. 后 a8！

综合考虑的结果，白后间接指向 e4 格，迫使黑子改变位置。

1. … 后×a8　2. 马 d6#；

1. … 王 e4　2. 马 d6#（黑后被牵制）；

1. … 后×b5　2. e4#；

1. … 后×c7　2. 马 d4#。

第 54 局

弗·谢尔多宾斯基，1883 年

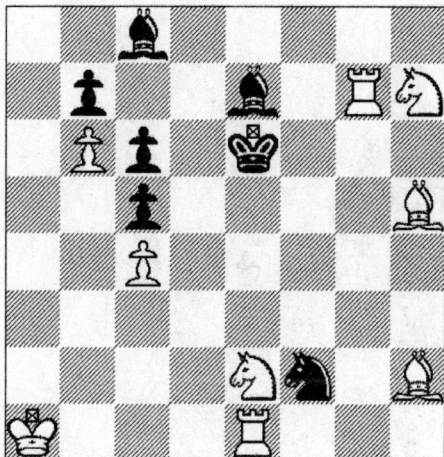

两步杀

作者是俄罗斯排局家。

白方子力众多，于 e 线形成闪击结构。不过，直接闪击不能奏效，黑王有 d7 和 f5 格可逃。逆向思考，在 1. … 王 f5 之后，白方为 2. 马 g3 构杀，必须先调出 h2 象，否则黑王经 f4 逃脱。象走至何处？c7 格是首选，以防黑王经 d7、d8 逃走。

1. 象 c7!

白方为各种杀势做好准备。轮黑方走棋，所有走法皆不利。

1. … 王 d7　2. 马 f8#!（e7 象受牵制）

1. … 王 f5　2. 马 g3#;

1. … 马~　2. 象 g4#;

1. … 象 d7　2. 马 d4#;

1. … 象 e7~　2. 马 d4#。

第 55 局
列·洛申斯基，1930 年

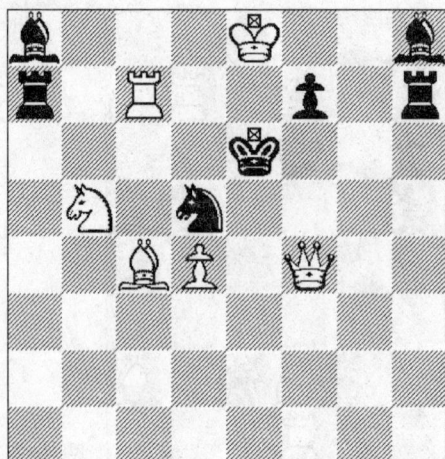

两步杀

作者是俄罗斯排局国际特级大师，享有世界声誉。

黑方子力较多，但细心观察，会发现其中任何一个移动位置都是不利的。例如 1. … 车×c7 2. 马×c7#；1. … 车 b7 2. 车 c6#；1. … 车 a6 2. 车 e7#；1. … 车 g7 2. 后 e5#；1. … 车 h5 2. 后×f7#；1. … 象×d4 2. 马×d4#；1. … 象 f6 2. 后 g4#；1. … f6 2. 后 e4#；1. … f5 2. 后 d6#；等等。在此，白方有能力以一步简单的等着达到目的。

1. 象 b3!

整体局势未发生实质性改变，轮黑方走棋，上述各种杀法仍保持效力。

第 56 局

塞·洛伊德，1859 年

两步杀

排局创作无冕之王 18 岁时发表的作品。4 个黑子整齐地排列在底线，于是人们把解题过程比喻为演奏手风琴，随着棋子的移动，散发出美妙的旋律。

黑王位于中心无法移动。白后本可一步棋构杀，但黑方双车双象严密地监护着黑王后方的开阔地带，使白方不能直接达到目的。而由于底线黑子过于集中，轮黑方走棋时，将出现交叉断路现象，白方若找到有益的等着，就有隙可乘了。

1. 后 a5！

压制住 a 兵，待黑方自走损棋。白后不但保持对第 5 横排的监控，且能相机进入 a1—h8 大斜线。

1.⋯ 象 b7　2. 马 f5#；

1.⋯ 象 c5　2. 后 a1#；

1.⋯ 象 d7（或 1.⋯ 象 d6）2. 后 d5#；

1.⋯ 象 e7（或 1.⋯ 象 e6）2. 后 e5#；

1.⋯ 车 d7（或 1.⋯ 车 e6）2. 马 f5#；

1.⋯ 车 e7（或 1.⋯ 车 d6）2. 后×b4#。

第 57 局

摘自 1968 年弈于荷兰的对局。

两步杀

1. 车 f7！

伏 2. 车×h7#。

1. … 象×f7　2. 马×f7#

试图为后打通第 7 横排，但却切断了其他黑子的线路。

1. … 马 b6（c5）　2. 后×d4#；

1. … 马 e5（f6）　2. 后 g7#；

1. … 马 b8（f8）　2. 后 g8#。

第 58 局

舒尔金娜·托尔斯泰伊

两步杀

此为俄罗斯第一位女排局创作者。

1. 车 b6 a×b6　2. 象 d2#

第 59 局

谢特

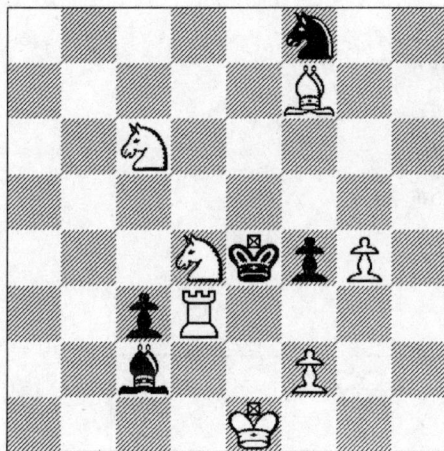

两步杀

德国女排局爱好者。

1. 马 e6

1. ··· 车×d3 或象×d3   2. 马 e5#;

1. ··· 马×e6   2. 象 g6#;

1. ··· f3   2. 车 d4#。

第 60 局

罗乌琳

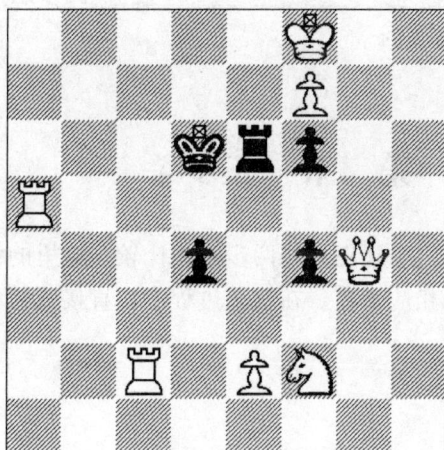

两步杀

英国排局女创作者，曾创作大量限着杀王排局，有著作。

257

1. e4！

1. … 车×e4   2. 马×e4#；

1. … 车 e8+   2. f×e8 马#；

1. … 车 e7   2. 车 d5#；

1. … 车 e5   2. 车 a6#；

1. … d×e3   2. 后 d1#；

1. … f×e3   2. 后×d4#；

1. … 王 d7   2. 车 d5#。

第 61 局

古棋局

两步杀

1. 车 h5 车×h5   2. 车 a6+

得车，白胜。

第二节　三步杀

白方先走，须三步棋将杀黑王。与两步杀相比较，这里的创作空间有所拓宽，解题的难度与兴趣也相应增高。在构杀过程中，直接威胁和逼走损着可单独或混合运用。

例局：

列·库贝尔，1951 年发表

三步杀

1. 象 g1！

若象 b8？马 a6！ 2. 车×a6 成逼和。

1.··· 马 a6 2. 象 b6！a×b6（2.··· 马~ 3. 车×a7#）3. 车×a6#；

1.··· 马 a4 2. 车×a4 a5 3. 车×a5#；

1.··· a6 2. 象×c5 a5 3. 车×a5#；

1.··· a5 2. 车×a5+ 马 a6 3. 车×a6#。

第 62 局

科·拉乌，1928 年

三步杀

超小型排局。黑王不能移动是明显特征。

1. 象 h2!

白方弃象解除逼和。如 1. 象 a7？王 h2，白方超时。

1. … 王×h2　2. 车 a3!

典型手段，迫黑王回到盘角。

2. … 王 h1　3. 车 h3#

雅致的小品。

第 63 局

塞·洛伊德，1856 年

三步杀

此为美国排局艺术大师 15 岁时的创作。

这个超小型排局貌似简单，解答起来有一定难度，因为黑王可吃 h4 兵，且有两个空格可走。经 1. 象 g2 王×h4 等，白方无法三步杀。记得 40 多年前，利用反向思考找出答案：若黑方先走 1. … 王×h4，白方应以 2. 后 f4+，黑王只能逃至 h3 或 h5 格，那时白象在 f1 或 f7 格即可构杀，因此，白方第一步棋要找到白象能够相机进入这两格的去处。

1. 象 c4!　王 f5

否则 1. … 王×h4　2. 后 f4+　王 h3　3. 象 f1#，或 2. … 王 h5　3. 象 f7#。

1. … 王 h5　2. 后 g5#很简单。

现在，黑王想经过 g6 格逃逸，白后需相应调整位置。

2. 后 g3!

等待黑王自投罗网。

2. … 王 e4   3. 象 d3#（白王也发生作用）；

2. … 王 f6   3. 后 g5#（白兵助攻）。

这个排局出现 4 个正杀，在当时是技巧上的创新。

第 64 局

弗·希利，1902 年

三步杀

作者是英国早期著名排局家。

超小型排局，黑王遭重兵围困，使人产生容易解题的假象。实际上，为避免逼和，白方已无法进一步施加压力。在这种情况下，应变换角度思考问题——是否先网开一面？

1. 王 d7！

欲擒故纵，于盘心将杀黑王的模式已成竹在胸。

1. … 王 e4   2. 车 d5！

强行引入，使黑王被迫走进绝境。

2. … 王×d5   3. 后 d4#

开启思路。

第 65 局

阿·布尔迈斯特，1891 年

三步杀

超小型排局，构图自然。黑方王、兵皆能走动，白子从两侧进行钳制，尚未形成合力。简单地 1. 象 d3，黑方接走 1. … e2，白方无有效的后继手段。为构杀，白象须寻求左右逢源的攻击点。

1. 象 g6!

1. … 王 e2 2. 象 d3+（利用将军调整位置）2. … 王 e1（或 2. … 王 d1）3. 车 f1#；

1. … 王 d1 2. 车 f1+ 王 e2 3. 象 d3#；

1. … e2 2. 象 h5 王 d1 3. 车 f1#（黑兵被牵制）。

第 66 局

奥·沃尔伯格，1914 年

三步杀

作者是美国著名排局家。

黑王被困边线，但白王离主战场较远。白方指望 1. 王 d5+ 王 a5？
2. 王 c5 a3　3. 车 a8#，只是一相情愿，黑方可改走 1. … 王 a7 解杀。因此，重担落在白方双车身上。利用双车将杀的方法，在国际象棋和中国象棋是相似的。

1. 车 b1！

车和王作战，在大多数情况下最好拉开两者的距离，以避免遭受王的攻击。这里，一个白车撤回底线，保持对 b 线的控制，并为另一个白车腾空构杀的空间。

1. … 王 a5　2. 车 g8 王 a6　3. 车 a8#：

1. … 王 a7　2. 车 g4 王 a6　3. 车×a4#；

1. … a3　2. 车 g3 a2　3. 车 a3#。

将杀模式的小教材。

第 67 局
格·米亚索耶多夫，1950 年

三步杀

作者是俄罗斯一位排局爱好者。

白王在此与黑王对位，直接介入攻击，使白车构杀的方式增加了变化。棋弈的一个基本原则，是限制对方子力的行动。这里黑象很活跃，成为解题的障碍。于是——

1. 车 f6!

弃车堵塞黑象，使之可去的格位只剩 4 个，无论它到哪里，白方都已准备好对策。

1.··· 象×f6　2. 王×f6　王 h6　3. 车 h8#；

1.··· 象×f8　2. 王×f8　王 h8　3. 车 h6#；

1.··· 象 h6　2. 车 h8+!　王×h8　3. 车×h6#；

1.··· 象 h8　2. 车×h8+　王×h8　3. 车 h6#。

也是构杀的小材料。

第 68 局

亚·加利茨基，1900 年

三步杀

此为俄罗斯排局家创作的小型排局。

黑方处于被极度限制的状态，白王立即进逼是和棋。白马若走动，白方来不及三步杀。白象呢？

1. 象 f6！

主动送吃，解除对黑方的极度限制，黑方的应着是被迫的。

1. … g×f6

以下着法已经明显。

2. 王 f8 f5 3. 马 f7#

第 69 局

距今 1000 多年前的阿拉伯手稿中，载有如图的少见杀势。此后，这个图形多次成为排局创作的题材。

三步杀

这是 19 世纪一位法国著名诗人的即兴之作。

黑马守护着重要的 c3 和 d2 格，白方想利用车、马最终构杀达不到目的，但可以作为过渡手段。

1. 车 d2!

伏 2. 马 f3#，将黑马引入不利位置。

1. … 马×d2

只得如此。

2. 马 c3!

等待黑方自走损着。

2. ⋯ 马~ 3. 马 f3#

第 70 局

弗·帕利奇，1930 年

三步杀

小型排局的简单外表有时会使人放松注意力，从而仓促地进入误区。"莫言下岭便无难，赚得行人错喜欢。"

黑王被困角格，似乎白双车不难构杀。但黑象相当灵活，可兼顾两翼，防止白车自底线及 g 线杀王，例如 1. 车 a1 象 b6 2. 王 e2+ 王 g2，或 1. 车 g3 象 b6 2. 车×b6 王×h2。还能从何处构杀？难道是 h 线？怎样使白兵发挥作用？

1. 王 f2!

伏 2. 车 a1#。这着棋不难想到，也容易被否定掉，因为白王会受黑象将军，看起来白方要超时。

1. ⋯ 象 h4+

如果 1. ⋯ 象 b6+，则 2. 车×b6 车×h2 3. 车 h6#。而现在 2. 车×h4 成逼和。

2. 车 g3!

巧妙思路的延续！使白车与 h 兵发生联系是解题的关键。

2. ⋯ 象×g3+

黑象撤离时，白方接走 3. 车 g1#。

3. h×g3#!

第71局

阿·赫列宾，1984 年

三步杀

在这个小型排局中，黑王有空格可走，白子较为分散，b2 象显得呆滞，白方三步棋构杀相当困难。经 1. 王×f3 h3，或 1. c4 王 h3，白方已找不到有效的后继手段。

由此可见，排局的作者又为我们设定了发挥想象力的空间：如何穿针引线，使两翼白子高度协调起来。

1. 车 a1！

独辟蹊径，一着两用。

1. … h3 2. 象 c1！

避免逼和，并形成车、象的闪击结构。

2. … 王 h1

无可奈何，黑王自入绝地。

3. 象 f4#！

另一变化是：

1. … 王 h3 2. 车 a4！

"军争之难者，以迂为直。"白车绕道阻止黑王出逃，并准备返回王翼构杀。

2. … 王 h2 3. 车×h4#

第 72 局

普·威廉斯，1904 年

三步杀

小型排局"旷野天清"，棋子分散在四个角落。

显然，白方的当务之急是改变黑方无子可动的状态。由此，第一着棋会想到走动白车，但白车到 c1—f1 格时，黑 h 兵立即升变为后牵制住它，使之不能进入第 8 横排构杀。经 2. 后×h1+ 王×a7，白方将超时。

深入观察，应看出白车还有 a1 格可走。

1. 王 b2！

唯一正确的着法。

1. … a1 后+ 2. 车×a1

现在 a7 兵得到白车保护。

2. … h1 后 3. 后×h1#

第73局
安·施罗恩，1936 年

三步杀

作者是法国排局国际大师、残局理论专家。

黑王处境危险，但黑象攻击着白车，在 1. 车 g8 时，黑方可应以 1. …
象 d4守住 g1 格。1. 车 h7 也迟缓，例如 1. … 象 d4　2. 车 d7 象 b2　3. 车 d1+
象 c1，白方过时。就是说，白车独自完不成三步杀的任务。那么白象呢？怎
样使它安全进入大斜线？

1. 马 f5!

弃车把黑象引入不利位置。

1. … 象×h8

改走 1. … 象 e1，白方续以 2. 象 g7+! 象 c3　3. 车 h1#。

2. 马 g7!

此时明了，上着棋是唯一正确的。

2. … 象×g7

逼走损着。

3. 象×g7#

第74局

伊·梅列尔，1918 年

三步杀

解答这个小型排局，判定大方向相当容易——白车必须为 a7 兵腾空升变格。难点在于使这个车平移至何处是正解。假设白车到 b8，伏 2. a8 后#，黑方势必退象 g8，准备于 a2 遮将，例如 1. 车 b8 象 g8　2. a8 后+ 象 a2，白方下步棋无法构杀。症结在哪里？在于有白车的妨碍！否则白方可以走 3. 后 h8#。

1. 车 g8！

"力战轻生出塞门"，白车自愿送吃，为白后扫清道路。

1. …　象×g8

若 1. … 王 a2 拒吃，白方接走 2. 车 b8，再 3. a8 后#，黑象已不能进入 a2 格。

2. a8 后+　象 a2　3. 后 h8#！

第 75 局

西·基平，1911 年

三步杀

作者是英国著名排局家，16 岁开始创作。值得提及的是，他首先在英国将国际象棋作为一门课程引进学校内。

这是个难度很高的小型排局。白方三个弱子包围住黑王，象和 c6 马形成闪击结构，但仔细观察会看出，它们无力构成杀势。白王参加攻击是必要的，相信选择 1. 王 b5 的解题者居多，以为 1. … e1 后 2. 马 e7+ 王 a7 3. 马 c8#达到目的，而忽略了 1. … 车 g8！ 2. 王 b6 车 c8！ 3. 马 e7+ 车 c6+的解着。

正解难道是使白王进入 a5 格，让黑兵带将军升变？确是如此。

1. 王 a5！！

为白马留出 b5 格至关紧要。现在不但伏 2. 马 e7+，而且威胁 2. 马 d4+！王 a7 3. 马 b5#。因此，1. … 车 a8 已失去防御效用。

1. … e1 后+

只得升变反击。白王自 a5 同样监视着 b6 格，在 1. … 王 b7 时，仍可以 2. 马 e7+ 王 a7 3. 马 c8#。

2. 王 b6！

这时又增加了 3. 马 c7#的新威胁。尽管黑方车、后行动自由，已无力解杀。例如 2. … 后 a5+ 3. 马×a5#；2. … 后 e3+ 3. 马 d4#；2. … 车 b2+ 3. 马 cb4#，白方借闪击解将还杀；黑子攻击白象或牵制 c6 马也无济于事，例如 2. … 后 e5 3. 马×e5#；2. … 后 d2 3. 马 d4#；2. … 车 g6 3. 马 c7#；等等。

272

2. …后 e8　3. 马 c7#

经典佳作。

第 76 局

亚·克雷默尔，1914 年

三步杀

这个小型排局构图较为简单，似乎由实战中产生。白王已占据对位，白后如能顺利侵入 a1—h8 大斜线或第 8 横排，即可构杀。当然应考虑时限，选择正确的入侵格位。

1. 后 a6！

直接威胁 2. 后 f6+ 王 g8　3. 后 g7#，是唯一正解。在 1. 后 a1 时，黑方可简单应以 1. … 王 g8　2. 后×c3（后 a5 车 c8）2. … 王 f8。若 1. 后 e1，则 1. … 车 c8　2. 后 e5+ f6　3. 后×f6+ 王 g8，白方超时。

现在，黑王来不及出逃。黑方车、象可至 c6 格拦阻白后平移，但自相干扰，使白后得到进入底线的机会。

1. … 王 g8　2. 后 f6 王 f8　3. 后 d8#；

1. … 车 c6　2. 后 a8+ 车 c8　3. 后×c8#；

1. … 象 c6　2. 后 c8+ 象 e8　3. 后×e8#。

第 77 局

亚·格林，1979 年

三步杀

作者是俄罗斯排局国际大师、冶金学博士。

这个排局是在将杀战术组合的基础上构思的，辅以其他杀势。

假象是 1. 后 h5，因 1.··· 王 f8　2. 车 h8+ 王 e7　3. 车 e8+ 王 d6。为及时构杀，白象必须积极参与行动。

1. 象 h5！

产生 2. 车 h8+！王×h8　3. 象 f7#的威胁。如 1.··· 王×h7，立即 2. 象 f7#。

1.··· 王 f8　2. 车 h8+ 王 e7　3. 车 e8#（白后监控着 d6 格）；

1.··· g6　2. 车×d7~　3. 后 b8#；

1.··· g5　2. 象 f7+！（2. 车×d7？g4+）2.··· 王 f8　3. 后 d6#。

选用这个排局时，想起爱沙尼亚特级大师 70 年前的一个通信对局。

其结尾是 37. 后 h7+!! 王×h7 38. 象 f7#。

第78局

丹·戈尔芬凯尔，20世纪初

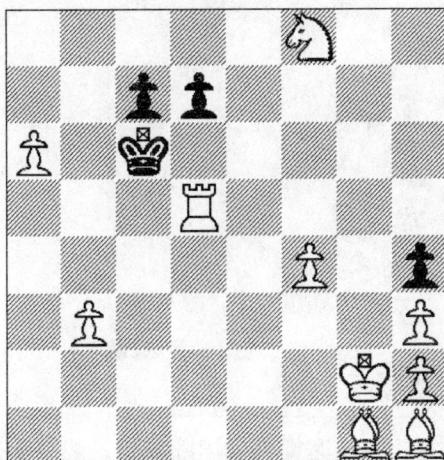

三步杀

作者是俄罗斯一位著名的文学翻译家，他也喜爱排局创作。

白车受黑王攻击，是保护它还是使之逃开，或置之不理另外寻求好棋？不难分辨，1. a7 王×d5；1. 车×d7 王 b5；1. 车 e5 d5 等，白方来不及三步杀。因此，应考虑用 h1 象保护车。

1. 王 f1!

若 1. 王 f2，黑方接走 1. … 王 b6。

1. … d6

这时必须见到黑方处于无子可动状态，如 2. b4 准备 3. b5#，即成逼和。闪击手段通常具有威力，此处是例外，在 2. 车 a5+时，黑方可应以 2. … d5。从另一角度看，黑兵至 d6 限制了黑王行动，也给予白方灵活转变思路的机会。

2. 王 g2!

视对方兵形变化，白方果断弃车，将黑王引入绝境。

2. … 王×d5   3. 王 f1#!

白王运筹帷幄，"随敌之行而应之，出奇无穷。"

第 79 局

弗·纳博科夫，1966 年

三步杀

作者是美国著名小说家，年少时即喜爱国际象棋，热衷于排局创作，曾结集出版。这个作品是他 67 岁时排拟的。

黑王位于中心，攻击着白马和 d3 兵，且有 e3 格可走。白方子力较分散，解题的经验使我们想到把白车调向王翼，有利于和其他兵、子协同行动。

1. 车 h8！

前面我们曾提示过，在多数情况下，车远离对方的王为好。

1. … 王×c3　2. 车 h3　王 d4　3. 后 b2#（黑王吃 c3 马，反而打通大斜线）；

1. … 王×d3　2. 车 h3+　王×c4　3. 后 f4#（黑王吃 d3 兵，使白车保住 c3 马）；

1. … 王 e3　2. 车 h3+　王 d4　3. 马 e2#（黑王拒吃也被将杀）。

第 80 局
格·切尼，1861 年

三步杀

此为美国早期排局家的创作。

黑王被控制在边线，杀势可能来自上下两个方面。黑象防守着重要部位，白方走 1. 象×e5 则成逼和。在 1. 象 e3 时，黑方应以 1. ⋯ 象 f4！（1. ⋯ 象 c3+？2. 王×e2，再 3. 车 5g6#）。若 1. 车 e8，黑方可接走 1. ⋯ 象 f6。既然黑象吃不得，为扫除障碍，白方需考虑恶化它的位置。

1. 车 h8！

伏 2. 车 g6#。白方先弃一车，把黑象引入不利之处，使其不能至 f4 遮挡白象。

1. ⋯ 象×h8

白方现在 2. 象×h8 又是和棋。而 2. 象 e3 仍不成立，因 2. ⋯ 象 c3+，白方超时。

2. 车 g7！

再弃一车，腾空 c1—h6 线，并堵塞黑子的出路。

2. ⋯ 象×g7

黑象的行动一直受白方支配。

3. 象 e3#

第 81 局

奥·涅默，1886 年

三步杀

作者是奥地利排局家。

黑王位于中心，攻击着 d4 兵，因此，白方想利用后、马闪击构杀不能成立，例如 1. 马 f6+ 王×d4　2. 后 d5+ 王 c3，或 1. 马 c5+ 王×d4　2. 后 e4+ 王 c3　3. 马×a4+ 王 d2，等等。在 1. c3 时，黑方可应以 1. … 马×c3，使黑马守护住 d5 和 e4 格。既然现有的闪击结构不起作用，就需要发挥想象力，另辟蹊径。

1. 后 g1！

先予后取，欲擒故纵。白方又使 e4 马失去防护，但白后保持对 g4 兵的攻击，同时间接指向 d4 格，等待黑王进入。对黑方的具体威胁是 2. f3　g×f3　3. 马 f6#。

1. … 王×e4　2. 后×g4+ 王 d5　3. c4#；

1. … 王×d4　2. 王 d6！王×e4　3. 后×g4#；

1. … 马 c3　2. 马 f6+ 王×d4　3. f4#；

1. … 马 c5　2. 马 f6+ 王×d4　3. 后 a1#。

第 82 局

格·利亚普舒茨，1950 年

三步杀

黑王被困盘心，只有黑车和 f6 兵能够走动。白方若急于 1. 马 f8 伏 2. 后 e6#，黑方有 1.··· 车 e3！的解着。换个角度看，黑方已处于先行不利状态：1.··· f5 2. 马 f6#；1.··· 车 f4 2. 马 f8 车 e4 3. 后 b5#；1.··· 车 f5 2. 马 f8 车 e5 3. 后 a8#；1.··· 车×c3 2. 马×f6+ 王 d4 3. 后 e4#。

1. 象 a3！

有益的等着，保持以上各种变化。

1.··· 车×c3 2. 马×f6+ 王 d4 3. 后 e4#；

1.··· 车 f4 2. 马 f8 车 e4 3. 后 b5#；

1.··· 车 f5 2. 马 f8 车 e5 3. 后 a8#。

第 83 局

克·布尔，1932 年

三步杀

作者是南非著名排局家。

黑王在此有三个格位可走，增加了解题的难度。虽然白方的后、车、象线路通畅，但黑双马和兵从多方位保护着黑王，妨碍白方三步棋构杀。有效的攻击点在哪里？b4 兵应在考虑范围之内。白后在车协助下，吃这个兵即成杀势。照此思路，会想出不易发现的好棋。

1. 车 a4！

直指要害。这着棋又给予黑王一个可进入的格位，同时，也提升了作品的艺术价值。现在，黑方已无满意的应着。

1. … 王 b5　2. 后 c7！（伏 3. 后 c6# 及 3. 车 a5#，白方弃车将黑王引入不利位置）2. … 王×a4　3. 象 c6#；

1. … 王 b6　2. 后 b8+　王 c5　3. 后×b4#；

1. … 王 c4（d4）2. 后 f4+　王 d3（2. … 王 c5　3. 后×b4#）3. 象 f1#；

1. … 马 b~　2. 后 c7+　王 d4（2. … 王 b5　3. 后 c6#）3. 后 c3#！（白车牵制 b4 兵）；

1. … 马 f~　2. 后 e5+　王 b6（2. … 王 c4　3. 后 d5#）3. 后 a5#；

1. … b3　2. 后 c7+　王 b5　3. 后 c6#。

此排局曾在国际竞赛中获头奖。

第 84 局

阿·安德森，1848 年

三步杀

作者是德国著名棋手，1851 年获首届国际比赛冠军。他热衷于排局创作，有专集出版。

黑王躲避在盘角，白子已兵临城下。黑子为护王，行动失去自由：车要保马，防白象吃马杀；马要掩护 g8 格，防白方进车杀；象要监视 f7 和 g6 格，防白马杀。这促使白方寻求有利的等着。

1. 王 b1!

白王踏上第 2 横排是错棋，因 1. … 车 h2+，白方将"超时"。

1. … 象 h5

无可奈何。这时黑车出路受阻，白车能够脱离第 1 横排投入战斗了。

2. 车 g6!

威胁 3. 马 f7#，再次逼黑方自走损着。

2. … 象×g6　3. 马×g6#

第 85 局

特·格尔贝克，1923 年

三步杀

黑子完全收缩到角格，黑后被牵制。解题时，首先想到攻击点可能在 f7 格和 h7 兵。但 1. 马 d6 考虑欠周，黑方不会应以 1. ··· 后×a8 2. 马 f7+ 王 g8 3. g×h7#，而是简单地走 1. ··· h×g6。1. g×h7 后×a8 也不成立。白方的着法需紧凑有力，不容对方喘息。

1. 马 h6!

伏 2. 后×g8#，黑方来不及接走 1. ··· h×g6。

1. ··· g×h6

若改走 1. ··· 后×a8，即 2. 马 f7+ 王 g8 3. g×h7#。现在，黑 g7 兵被引离，暴露出 a1—h8 大斜线，战术打击接踵而至。

2. g7+! 王×g7

黑王被引入不利位置。

3. 后 a1#!

第 86 局

亚·阿廖欣，1914 年

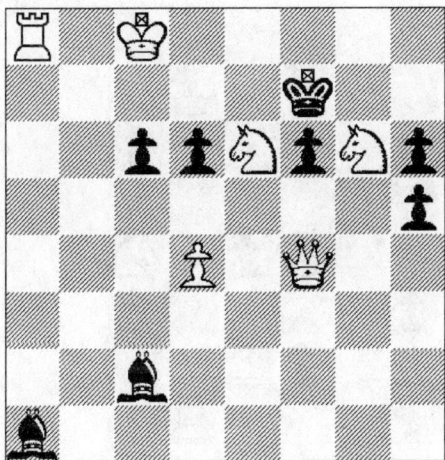

三步杀

作者是国际象棋史上第 4 位世界冠军，才华出众。他对排局艺术评价很高；记忆力超常，曾同时"蒙目"与 32 人对弈。这个多子的三步杀排局，是他不用棋具在脑中排拟的。

白方双马贴近黑王，等待白王及后、车的有效配合。不难看出，1. 车 a7+ 王×e6（1. … 王×g6？2. 车 g7#）2. 马 f8+ 王 d5，或 1. 王 d7 王×g6 2. 车 g8+ 王 h7 等，白方均达不到目的。由此想到先发挥白后的作用，那么使它至何处是正解？

1. 后 f5!!

后舍身保护双马，伏 2. 车 a7+再 3. 车 e7#或 3. 车 g7#，以及 2. 王 d7 再 3. 车 f8#或 3. 马 h8#黑方选择余地不大。

1. … 象×f5 2. 车 a7+ 王×e6

若 2. … 王×g6 3. 车 g7#；2. … 王 e8 3. 车 e7#；2. … 王 g8 3. 车 g7#。

3. 马 f4#

1. … 象×d4 2. 王 d7! 象×f5 3. 马 h8#。

第87局

瓦·格里姆肖，1852年

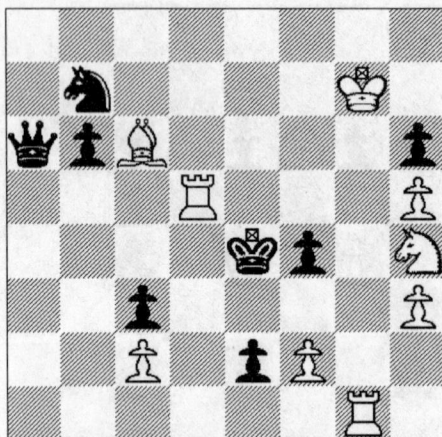

三步杀

作者是英国著名排局家，曾在重大比赛中夺冠。

白方虽有指向黑王的闪击结构，但子力较分散，排除假象求得正解相当困难。例如，在 1. 车 d3+ 王 e5 2. 马 g6+ 时，黑方可续以 2. … 王 f5!（2. … 王 e6? 3. 象 d7#）。若 1. 车 b1 后 c4 或 1. 车 g6 马 d8，白方也不能三步杀。而 1. f3+ 王 e3 2. 马 g2+ 王 f2，黑王脱离危险区，不过，这对启发我们的思路有帮助。

1. 车 f1!!

防止黑王经 f2 逃逸，已威胁 2. f3+ 王 e3 3. 马 g2#。

1. … e×f1 后

黑兵吃车升变，在白方意料之中。此后，白车能够至 d2 格保护 f2 兵，给予白方新的构杀机会。

2. 马 f3!

伏 3. 车 e5# 及 3. 车 g5#，黑方无力化解。

2. … 王×f3

或 2. … 后 g2+ 3. 车 g5#，白方解将还杀。

3. 车 d2#

其他变化是：

1. … f3 2. 车 g1! ～ 3. 车 g4#；

1. … e1 后 2. 车×e1+ 后 e2 3. 车×e2#。

经典佳作。

第 88 局

塞·洛伊德，1903 年

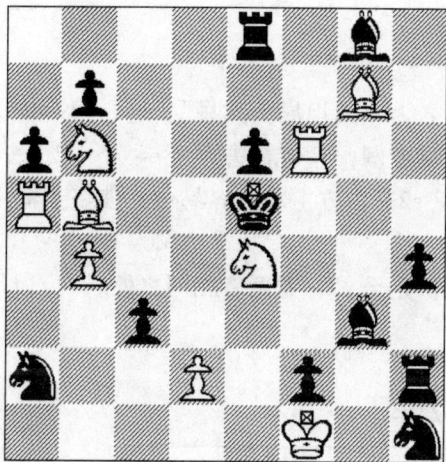

三步杀

这个富有创意的排局是美国排局艺术家的传世之作。使人感到钦佩的是，他在去工作的途中构思出如此复杂的作品。

双方车、马、象俱全，盘上子力众多。黑王位于中心，受到来自两翼的闪击威胁，但仍有 d4 格可走，并攻击着无子保护的 e4 马，不怕白方直接构杀，经 1. 象 d3+ 王 d4　2. 车 f3+ e5，黑 g8 象发挥作用，阻止白车至 d5 将杀黑王。在 1. d3 时，也可应以 1. … 王 d4。白 e4 马若逃开，黑王又将得到 d6 格。看来，巩固 e4 马的地位成为解题的关键。道理已经明了，常规手段又达不到目的，就需要动用发散思维的好习惯。

1. 王 e2!!

匠心独运，想一般之所不想。在限着杀王排局中，白王通常避免被将军，以免耽误时间。这里，白王主动走向开阔地带，竟给予黑 f 兵带将升变的机会，体现出艺术大师的高度创造性想象力。

1. … f1 后+

如改走 1. … f1 马+，不放白王至 e3 保马，以下是 2. 车 f2+!（解将还将）2. … 王×e4　3. d3#或 3. 象 d3#。若黑兵不升变，则可能是 1. … 王×e4　2. 象 d3+ 王 d4　3. 车 f4#，或 1. … 王 d4　2. 车 f4+ d5　3. 马×g3#，等等。

2. 王 e3!

形成奇特的局势。黑方有十多种走法可以照将白王，但白 e4 马已经得到保护，白方总能启动车、象的闪击结构解将还杀。

例如：

2. ··· 后 e2+（车 e2+） 3. 象×e2#；

2. ··· 后 g1+ 3. 车 f2#；

2. ··· 象 f2+ 3. 车×f2#；

2. ··· 象 f4+ 3. 车×f4#。

洛伊德给这个排局起名为"斯坦尼茨弃兵"，这是第一位世界冠军引入比赛实践的一种有意思的开局变例，起始着法为 1. e4 e5 2. 马 c3 马 c6 3. f4 e×f4 4. d4 后 h4+ 5. 王 e2，白方主动放弃易位，使王走向中心，以抢占有利阵地、加速出子。

开局与排局中，白王都走至 e2，是两者相同之处。

第 89 局

伊莎巴耶娃，1962 年

三步杀

1. 象 d2 f6 2. 车 e3 王 g5 3. 车 e5#

第三节 四步杀

白方先走，以四步棋将杀黑王的排局，简称为四步杀。这类排局难度较大，也为创作和解题提供了更广阔的空间。考虑到我国爱好者经验不足，这里先作适量介绍。

简明例局：

德·埃德尼，1847 年

四步杀

1. 马 g1！ 王 g2 2. 马 h3！

逐步限制黑王行动，将其引入绝境。

2. … 王×h3 3. 车 d2！ 王 h4 4. 车 h2#；

2. … 王 h2 3. 王 f3！ 王×h3 4. 车 h1#。

第 90 局

埃·布伦纳，1939 年

四步杀

超小型排局。黑王的行动已相当受限制，白方应组织双车交错构杀。

1. 车 c7！

前面曾指出，车和王战斗时，通常应远离后者，以防受到反击。但这里 1. 车 c8 是错棋，经 1. ⋯ 王 b3　2. 车 d7　王 b4　3. 车 b7+　王 a5，白王妨碍白车进入 a8 格。

1. ⋯ 王 b3　2. 车 d8!

若 2. 车 d6?　王 b4　3. 车 b6+　王 a5，白方要"超时"。

2. ⋯ 王 a4　3. 车 b8　王 a5　4. 车 a7#

构杀的小练习。

第 91 局

克·马恩，1893 年

四步杀

小型排局。逆向观察，如轮黑方走棋，黑王迅速被将杀：

1. ⋯ 王 f5　2. 后 d5#；1. ⋯ f5　2. 后 h4#。那么，白方能否用三步棋把先行权转给黑方？

我们学习兵类残局时，大家都知道使王利用两个后方格走三角让出先行权的手段，类似的思路在此也适用，当然是由白后来完成。

1. 后 a8!　王 h6

若改走 1. ⋯ f5，则 2. 后 d8+!　王 h6　3. 后 h8+　王 g5　4. 后 h4#。

2. 后 h8+　王 g5　3. 后 h1!

恢复起始局势，但已轮到了黑方走棋。

3. ⋯ 王 f5　4. 后 d5#；

3. ⋯ f5　4. 后 h4#。

实用的技巧。

第 92 局

阿·安德森，1842 年

四步杀

作者是 19 世纪世界著名的棋手之一，也喜爱排局创作。

首先应注意到，黑方已处于无子可动状态。为避免逼和，白方必须先网开一面，适度给予黑王自由，再重新布控构杀。

1. 象 h5！

弃象是正解。若 1. 象 d7？王 g6，黑王完全脱出樊笼，白方已无法四步杀。

1. ⋯ 王×h5　2. 王 g7

显然白王应投入战斗。

2. ⋯ h6

黑方又无子可动。

3. 王 f6！

安德森的创意。白王与象形成闪击结构，等待黑王自投罗网。

3. ⋯ 王 h4　4. 王 g6#！

此后，这种有白王参与的欲擒故纵的闪击杀势，被称为"安德森杀法"。

第 93 局

列·库贝尔，1906 年

四步杀

这是拉脱维亚排局艺术家 15 岁时发表的作品。

黑方无子可动，白方来不及走 1. 车×e7 或推进 g 兵升变。白车可去的格位不多，只能在 e4、e2 和 e1 格中进行选择，正解是唯一的。

1. 车 e1!

白车远离黑王，在此更寓有深意。

1. … e5

在 1. … e6 时，白方接走 2. f4 e5 3. 车×e5#。

2. 车 f1!!

看似赘棋，实际上是少年智慧火花的闪现。

2. … e4 3. f×e4+ 王 e5 4. f4#!

白车先前恰到好处。

第 94 局

塞·洛伊德，1857 年

四步杀

此为美国排局艺术家的名作。

黑王被困，黑象被牵制，黑方只有 e 兵可走两步，白方双车不能轻易移动，又缺少沿线攻击的子力，利用常态模式构杀显然达不到目的。解题要高度发挥想象力，巧妙调整白方的子力结构。

1. 王 a2!

构杀计划的首要一环：白王为车腾空 a1 格。但 1. 王 b2? 是错棋，因为以后黑象至 c3 时带将军。

1. … e3　2. 车 a1!

白车到角格，为白马回撤留下空间。

2. … e2

黑方已呈逼和状态。

3. 马 b1!

掩盖住白车，以解脱对黑象的牵制，使之可以走动。环环相扣，节奏鲜明。

3. … 象~　4. 马 d2#

启动闪击，形成双将杀。

第 95 局

保·克列斯，1951 年

四步杀

作者是爱沙尼亚国际特级大师，他多年热衷于排局创作。

黑王被困在盘角，a1—h8 大斜线开放，白方的黑格象准备进入这条斜线构杀。黑方车、马有防守能力：黑车可到 c7、d7 和 f7 相应监视 c3、d4 和 f6 格，黑马可至 c6 或 f7 守护 e5 格。看来白象自不同格位实施威胁的顺序至关紧要，经 1. 象 d2? 车 c7；1. 象 e3? 车 d7?；1. 象 f4? 马 f7!（不可 1. … 马 c6?，否则 2. 象 d2 再 3. 象 c3#），白方将"超时"。排除以上走法，1. 象 g5 可能是正解；从逻辑分析角度，既然黑马至 c6 是不利的，白方先迫使黑车占住 f7 格也是合理的想法。

1. 象 g5！车 f7

防白象侵入 f6，只得如此。

2. 象 f4！马 c6

黑马已不能进入 f7 格消除 3. 象 e5#的威胁。

3. 象 d2！

黑马在 c6，妨碍黑车至 c7 防护 c3 格。

3. … ～　4. 象 c3#

第 96 局
格·希思科特，1914 年

四步杀

作者是英国著名排局家。

黑王位于中心，有 d4 和 f5 格可走，黑兵和马、象在后翼和盘中密集防守，皆增加了解题的难度。首先，观察到王翼上黑方子力稀少，依据避实击虚的原则，判定攻击方向应在这一翼。操作上需动用各种战术手段，于决定性地点集中优势兵力。

1. 车 g3！

白车立足危地，控制住 g 线，防止黑王经此逃逸。同时产生 2. 后 e3+!! f×e3　3. 车 g4+　王 f5　4. 马 h6#的威胁。

主要变化如下：

1. … f×g3（黑兵被引离，白后和 e2 兵增加了活力）2. 马 f6+　王 d4 (2. … 王 f5　3. 后 g5#) 3. e3+　王 d3　4. 马 e5#；

1. … 王 d4　2. 后×f4+　象 e4　3. 后 e5+（或 2. 车 d3+）3. … 王 c4 4. 后×e4#；

1. … 王 f5　2. 马 h6+　王 e4　3. 后 e3+!!　f×e3　4. 车 g4#；

1. … 象 c6（黑王得到 d5 格）2. 后 d2!!（引离黑象）2. … 象×d2 (2. … f×g3　3. 马 f6+　王 f5　4. 后 g5#) 3. 马 d6+　王 d4　4. 车 d3#；

1. … 象 c4　2. 马 f6+　王 f5 (2. … 王 d4　3. 后×f4+　王 c5　4. 后 d6#) 3. 后×f4+!!　王×f4　4. 车 f3#。

战术构杀型的名作。

第97局

埃·普拉迪尼亚，1878 年

四步杀

作者是法国著名排局家。

黑王深藏在盘角，有黑子贴身护卫。但黑后、象受白子攻击和牵制，c5 马也不能随意移动，白方从何处寻找突破口呢？

1. 后 f3！

白后在此同时与车、象建立联系，使它们继续发挥积极作用。而且，这步棋还包含着更深层的意图，使黑方对两个侵入点无力兼顾。

1. … f5

阻止白后直接参与攻击，暂解燃眉之急。若改走 1. … 马 ba6，白方应以 2. 后 e4！，伏 3. 车×b1+ a×b1 后 4. 后×b1#（2. … 马×e4 3. 马 b3#；2. … 后×h1 3. 后×h1#）。

2. 后 a8！

动如脱兔。白后迅速调至后翼，于 a 线形成第三个牵制，威胁 3. 车×b1#。

2. … 马 ba6

似乎白方手段已用尽，实际上并非如此。

3. 象 h8！

由威胁转入等待，逼黑方自走损棋。白方后、车、象各占一角，构成有意思的图形。

3. … 后×h1　4. 后×h1#；

3. … 象×h8　4. 后×h8#；

3. … 马 a~　4. 车×b1#；

3. … 马 c~　4. 马 b3#。

第 98 局

洛·绍尔，1953 年

四步杀

作者是匈牙利排局家。

从结构上看，盘上子力众多，寻求正解好像要大费周折。其实，可以把这个作品视为提高观察能力的练习，只要逐步找准攻击点，犹如顺水推舟，正确的答案自然浮现出来。

1. 马 b8!

黑王被困盘心，不能移动。白马利用黑兵作为掩护，准备至 d7 构杀。

1. … c5

黑象守住 d7 格，但黑 d6 兵被削弱。

2. 王 e7!

不容黑方喘息，伏 3. 象×d6#。黑 e4 马被牵制，起不到防守作用。

2. … c4

黑 d6 兵得到保护，黑 e4 马又与黑后失去联系。

3. 马 f2!

威胁 4. 后×e4#。黑方的应着仍是被迫的。

3. … c3

现在黑 d3 兵无人看管。

4. 马×d3#!

排局创作的多样化。

第 99 局

兹·布列默尔，1951 年

四步杀

作者是德国著名排局家。

黑王遭受重兵威胁，不能走动。但黑方的车、象防守着 f6 兵和 h5 格，白方难以直接构杀。相反，这个表面上线条较清晰的局势，会使人产生大量错觉——详见下文。在查找正解的过程中，可能想到利用车自后方进攻，经 1. 车 g8+ 王 f7 2. 车 g7+，黑王有 e8 格可退。谁能加以阻止？

1. 王 d7！！

又是打破常规。现在伏 2. 车 g8+ 王 f7 3. 车 g7#。当然，白王暴露在外，必将遭受反击，需事先想好对策。

1. … 车 d2+ 2. 马 d3！

整体思路的关键环节。白方弃马，将黑车引入不利位置。

2. … 车×d3+ 3. 王 c8！

不能随手走 3. 王 e8？？ 因 3. … 象 a4#。又如 3. 王 c7，则 3. … 车 d7+。

3. … 车 f3

或 3. … f5 4. 车 f6#。黑车返回 f 线保兵，但位置发生变化，使 d1 象线路受阻。

4. 后 h5#

另一主变：

1. … 象 a4+ 2. 马 c6！

弃马引入黑象。

2. ···　象×c6+　3. 王 c7!

避免 3. 王 c8? 象 d7+。

3. ···　象 f3

回防 h5 格，但自阻车路。

4. 车×f6#

1960 年，国外一家杂志举办排局争答比赛，把这个作品列入竞赛题目。结果，出现许多错误答案。一些读者误以为 1. 后 h1 是正解，但黑方可应以 1. ···　e5!　2. 象×d8 象 g4!　3. 马 c6 象 h3!，或 2. 后 e4+ 王×h6　3. 车 g8 马 e6+。其他错觉也不少：1. 后 h2? 车 f4!；1. 马 e4? g4!；1. 马 d3（d5）马 c6!；1. 象×d8 象 g4!；等等。

第 100 局

塞·洛伊德，1868 年

四步杀

作者是美国著名的排局艺术家。

白方只有弃后才能达到 4 步棋将杀黑王的目的。虽然视线多半会落在 1. 后 f4 等向前直接进击的着法上，但黑方有 1. ···车 g6 的抵御。

1. 后 b2!!

伏 2. 后×a3+ b×a3　3. b4+。

1. ···　a×b2　2. a3! b×a3　3. b4+

再用象构杀，胜！

第四节　多步杀

白方先走，按指定要求，于四步棋以上将杀黑王的排局，称作多步杀。创作和解答这类排局需要有丰富的经验，但"逻辑加想象力"可以使我们享受智慧体操的乐趣。现介绍少数例局，供欣赏和参考。

第 101 局

阿·安德森，1846 年

五步杀

作者是 19 世纪享有世界声誉的德国棋手，有排局专集出版。

黑王被困边线，白方子力优势很大。但黑方三个相连的通路兵进至第 2 横排，e2 兵若升变会带将军，使白方面对难题。如何加以处置？

1. 后 e1!!

白后主动送吃，让黑兵顺势升变。当然，对格位有所选择，关键在于封堵黑 e2 兵，且须有后续手段。

1. … d×e1 后

如走 1. … 马 f3，以下是 2. 车 d4! 马×d4　3. 后×d2#，或 2. … d×e1 后 3. 车 a4+转为主变。

2. 车 d4!

杀势已成竹在胸。

2. … ～　3. 车 a4+! 象×a4　4. b4+ 后×b4+　5. a×b4#

类似的利用堵塞构杀的战术手段，不止一次地见于实际对局之中。1976

年的一个赛局形成如图局势。

1. ··· 车 h4+!　　2. g×h4　g4#

第 102 局

帕·列孔特，1954 年

六步杀

作者是法国排局家、排局竞赛国际级裁判。

白方多一后，但黑王未暴露在外，且有活动空间，g2 兵对白方也起干扰作用。解题时首先想到的，是白方一面构杀一面保持对黑兵的监视，这需要具体计算：在 1. 象 d8 伏 2. 后 c7#时，黑方不会走 1. ··· 王×d8　2. 后×b8+ 象 c8　3. 后×a7 象~　4. 后 b8+ 象 c8　5. 后 b6#，而应以 1. ··· 王 b7!　2. 后 c7+ 王 a8，白方将"超时"；若 1. 马 f5，威胁 2. 马 d6+ 王 c7　3. 马×b5+ 王 b7

4. 后 c7+再 5. 后×a7#，黑方接走 1. … b×c4！ 2. 马 d6+ 王 c7 3. 马 b5+ 王 b6，使黑王由 b5 格逃脱。

应当拓宽思路，想到另一种将杀模式——

1. 后 d6！

白后前突，再调象至其后给予支持。后、象这样协同行动，在对局中经常见到。这里，自然要考虑放黑兵升变的后果。

1. … g1 后 2. 象 e5

伏 3. 后 c7#及 3. 后×b8#。黑方如走 2. … 后 b6 防守，白方续以 3. c5。

2. … 后 f2+ 3. 王 g7！

若 3. 王 g8（e7、e8）3. … 后 b6 4. c5 后 d8+再 5. … 后 g8+，或 3. 王 g6 后 g2+ 4. 王 h7 后 e4+再 5. … 后 h7+，白方来不及六步杀。

现在，白方达到目的：

3. … 后 g1+ 4. 王 h7！（4. 王 h8？ 后 b6 5. c5 后 d8+）4. … 后 b6 5. c5，或 4. … 后 g7+ 5. 王×g7，下一步杀；

3. … 后 g2+ 4. 王 h8！（4. 王 h7？ 后 e4+）4. … 后 g7+ 5. 王×g7 王 d8 6. 后 f8#，或 5. … 王 b7 6. 后×b8#。

3. … 王 d8 4. 马 f7+ 后×f7+ 5. 王×f7 c5 6. 后 c7#

第 103 局

亚·约翰德尔，1968 年

七步杀

黑王位于中心，不能走动。黑车同时防护着 b4 和 e7 格，阻止白方 1. 马 b4# 或 1. 马 e7#。当对方一个子负荷过重时，有经验的爱好者会想到利用引离的战术手段，但这里 1. 车 c7 是空着，因黑方可冷静地以 1. ⋯ 象 f8！化解，白方时间已不够用。是否还有其他的调动黑子的走法？

1. 马 a5！

产生 2. 车 d8+ 车 d7　3. 车×d7# 的威胁。黑方的应着是被迫的。

1. ⋯ 车 d7　2. 马 c4！

伏 3. 马 b6#。

2. ⋯ 车 b7　3. g5！象×g5

黑方得不到喘息的机会，只能被动应付。白方弃兵目的使黑象离开 h6—f8 斜线。

4. 马 a5

白马又返回原路，威胁 5. 车 d8+。

4. ⋯ 车 d7　5. 马 c6

伏 6. 马 b4#。

5. ⋯ 车 b7

与起始图形相比较，黑象改变了位置，白方能够进行战术打击了。

6. 车 c7！车×c7　7. 马 b4#

正杀。

第 104 局

帕·本科，1972 年

八步杀

作者是美国著名棋手和排局家，兼有两种国际特级大师称号。

小型排局。黑王被困角格，黑兵再进至 a2，即成逼和状态，白方若让黑王走至 b2，再构杀显然时间便赶不及了。棋弈知识和科技不断发展，先后自有传承。解答这个排局需要转入单马对兵的局势。

1. 马 a2！ 王×a2　2. 象 e6+ 王 a1　3. 象 a2！ 王×a2

白方连弃两子，使局势明朗化，然后快速调马至后翼构杀。

4. 马 f5！ 王 a1　5. 马 d4 王 a2

如走 5. … a2，则 6. 马 b3#。

6. 马 e2！ 王 a1　7. 马 c1！

逼黑方自走损着。

7. … a2　8. 马 b3#

在 13 世纪的手抄古棋谱中，有如图局例。

1. 马 b4+ 王 a1　2. 王 c1！ a2　3. 马 c2#

可供参考（黑先为 1. … 王 a1　2. 马 c1！ 等）。

第 105 局

阿·波潘多普洛，1963 年

九步杀

作者是俄罗斯排局国际大师、技术科学博士，擅长多步杀创作。

黑方子力大优，黑王深藏不露，但行动极度受限。白方兵种有利，双马有穿透性打击能力，在此恰是黑方的克星。在进行攻击时，从一个方向施加威胁有可能难以奏效，这里如走 1. 马 e2?，伏 2. 马×f4# 及 2. 马×g3#，黑方可应以 1. … 车 f3 2. 马 e6 象 d2!。

1. 马 e6!

正确的顺序。现在不仅威胁 2. 马×f4#，而且伏 2. 王 f8 再 3. 马 g7#。打击来自两个方向，黑车必须逃至能撤回底线的格位。

1. … 车 a4

若 1. … 车 f3，则 2. 王 f8 车 d8+ 3. c×d8 后，再 4. 马 g7#。

2. 马 e2 车 dd4

只得如此。以下也皆是逼着。

3. b4! 车 d×b4 4. 王 f8 车 a8+ 5. c8 后! 车×c8+ 6. 王 g7 车 cc4 7. 马 2f4+! 车×f4 8. 王 f8

黑双车被引入不利位置，已无法到底线照将白王。

8. … ~ 9. 马 g7#

"战马若龙虎，腾凌何壮哉。"

303

第 106 局

斯·施奈德，1956 年

十步杀

作者是奥地利排局国际大师。

构图轻盈，黑王虽不能走动，但 h2 黑兵威胁升变，白方只有兵和弱子，怎样形成杀势？冷静观察，黑 g4 兵是障碍，否则白方可以走 1. f5+ 王×e5 2. f4#，而现在黑方能够 2. … g×f3 吃过路兵。因此，白方首先要设法除掉这个黑兵再构杀。

1. 象 a4！

伏 2. 象 d7#。

1. … 王 f5　2. 象 d7+　王 e4　3. 象 e8！

威胁要 4. 象 g6#。

3. … 王 f5　4. 象 g6+　王 e6　5. 象 h5

现在伏 6. 象×g4#，使黑王疲于奔命。

5. … 王 f5　6. 象×g4+

白象步步紧逼，终于达到带将军吃掉黑兵的目的。

6. … 王 e4　7. 象 d1

又威胁要 8. 象 c2#。

7. … 王 f5　8. 象 c2+　王 e6

恢复起始时的局势，但已经没有了黑 g4 兵。

9. f5+！　王×e5　10. f4#

盘心的正杀。

第 107 局

阿·波潘多普洛，1977 年

十六步杀

此为俄罗斯排局国际大师、技术科学博士的创作。

黑王被禁角格，b7 车受牵制，皆走动不了。白方一旦使兵至 c8 格升变，即成杀势。但白王现位于第 7 横排，使 c7 兵呈被牵制状态不能推进。显然，调动白王积极参加战斗，摆脱牵制，并力图侵入 c8 格协助白象构杀，是解题的关键。由于白王处在宽阔地带，会受到黑 g1 车的攻击及 a2、c2 兵的监控，选择正确的走向十分重要。例如 1. 王 d8? 不成立，因 1. … c×d1 后+ 2. 王 c8 后 g4+，大势逆转。

1. 王 e8！车 e1+

否则 2. c8 后#。

2. 马 e3！

白方弃马，表面上为防止黑兵斜吃至 d1 格升变，实际上寓有更深层的意图。错棋是 2. 王 f7 车 f1+ 3. 马 f6 车×f6+ 4. 王×f6 a1 后+，或 3. 王 g8 车 g1+ 4. 象 g7 车×g7+ 5. 王×g7 a1 后+。

2. … 车×e3+ 3. 王 d8 车 d3+ 4. 王 c8 车 b3

黑车必须进入 b 线，阻挠 5. 象×b7#。

5. 象 b4！

弃象，为白王腾空 f8 格，继续实施恶化黑车位置的长远计划。

5. … 车×b4

可以看出，黑车离危险的 b5 格只有一步之遥。

6. 王 d8！车 d4+

又出现 7. c8 后#的威胁。

7. 王 e8 车 e4+　8. 王 f8 车 f4+　9. 王 g8 车 g4+　10. 马 g5！

第三次弃子，将黑车引入第 5 横排。

10. … 车×g5+　11. 王 f8

准备返回 c8 格构杀。

11. … 车 f5+　12. 王 e8 车 e5+　13. 王 d8 车 d5+　14. 王 c8 车 b5

无奈。

15. a×b5～　16. 象×b7#

"行成于思。"